电子商务专业新形态一体化系列教材

电子商务客户服务

主　编　陈伟梅　刘小榴　范永艳
副主编　张茜茜

北京理工大学出版社
BEIJING INSTITUTE OF TECHNOLOGY PRESS

版权专有　侵权必究

图书在版编目（CIP）数据

电子商务客户服务/陈伟梅，刘小榴，范永艳主编.
—— 北京：北京理工大学出版社，2020.9（2024.8重印）
ISBN 978 – 7 – 5682 – 8889 – 7

Ⅰ.①电… Ⅱ.①陈… ②刘… ③范… Ⅲ.①电子商务–商业服务 Ⅳ.①F713.36

中国版本图书馆 CIP 数据核字（2020）第147230号

责任编辑：张荣君　　　文案编辑：代义国　张荣君
责任校对：周瑞红　　　责任印制：边心超

出版发行 / 北京理工大学出版社有限责任公司
社　　址 / 北京市丰台区四合庄路6号
邮　　编 / 100070
电　　话 /（010）68914026（教材售后服务热线）
　　　　　（010）68944437（教材资源服务热线）
网　　址 / http：//www.bitpress.com.cn

版 印 次 / 2024年8月第1版第3次印刷
印　　刷 / 定州启航印刷有限公司
开　　本 / 787 mm×1092 mm　1/16
印　　张 / 10.5
字　　数 / 229千字
定　　价 / 31.00元

图书出现印装质量问题，请拨打售后服务热线，负责调换

前言

电子商务的迅速发展、新兴技术的出现，尤其是互联网和移动商务的普及，促使企业改进服务方式，提高客户服务水平。根据电子商务专业的需求调研，越来越多的企业期望拥有高素质的客户服务人员，从而可以为客户提供高质量的服务。本书的编写就是为了适应电子商务专业中等职业教育培养目标的转变，结合中职人才培养的要求和学校实际，以学生综合职业能力培养为目标，注重推进素质教育，培养具有实践能力和敬业精神的客户服务人才。

本书充分体现了任务引领、实践导向的课程设计思想，突出职业教育"学以致用、做学合一"的鲜明特色，本着"以生为本、激发兴趣、重在实践"的主旨，将课堂讨论、知识链接、案例等内容作为教学任务，建立全新的电子商务教学模式，以实现学生和社会需求为目标的编写指导思想。以创业为驱动，以实战为磨砺，实现了中职电子商务专业学生"做""学""创"合一，真正为培养学生岗位综合职业能力奠定良好的创业基础。

本书共分为七章，总学时为72学时。其中，第一章总体上对电子商务客户服务进行了阐述，包括电子商务客户服务的概念、分类，电子商务客服的素质要求和岗位要求，电子商务买家的购物心理分析等，本章约需12学时；第二章论述了电子商务客服的工作流程，包括电子商务客户服务的准备工作以及销售流程，本章约需10学时；第三章论述了电子商务客户服务的沟通技巧，包括倾听、提问和电话沟通技巧等，本章约需10学时；第四章论述了电子商务客户服务技巧，包括接待客户的技巧、满足客户需求技巧、为不同类型客户提供服务的技巧等，本章约需10学时；第五章论述了电子商务客户的分析与客户关系管理，对客户的类型进行了分析，本章约需10学时；第六章阐述了电子商务客户服务管理系统，包括电子商务客户服务系统的使用和常用的电子商务客服管理工具等，本章约需10学时；第七章介绍了电子商务售后处理工作，包括电子商务售后产品的退换货处理、电子商务的客户投诉处理、电子商务售后的客户维护工作，本章约需10学时。本书内容结构图如下：

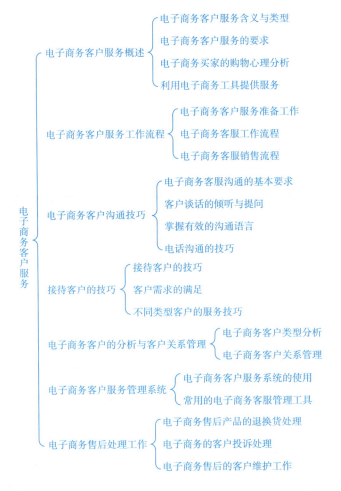

　　本书以实用为核心,以实战为基础。全书以客服岗位的工作内容为主线,以培养学生电子商务客户服务的核心技能为重点,结合电子商务职业领域分布、岗位工作任务和职业能力要求,降低理论难度和知识要求,以够用、适用、实用为度,力求做到学以致用。

　　本书在写作过程中参考了众多专家学者的研究成果,在此表示诚挚的感谢!由于时间和精力有限,本书可能会存在疏漏和不妥之处,恳请广大读者给予指正!

作者

目录

第一章 电子商务客户服务概述 ·················· 1
 第一节 电子商务客户服务的含义与类型 ·················· 4
 第二节 电子商务客户服务的要求 ·················· 12
 第三节 电子商务买家的购物心理分析 ·················· 16
 第四节 利用电子商务工具提供服务 ·················· 23

第二章 电子商务客户服务工作流程 ·················· 35
 第一节 电子商务客户服务准备工作 ·················· 36
 第二节 电子商务客服工作流程 ·················· 47
 第三节 电子商务客服销售流程 ·················· 52

第三章 电子商务客户沟通技巧 ·················· 69
 第一节 电子商务客户沟通的基本要求 ·················· 70
 第二节 客户谈话的倾听与提问 ·················· 71
 第三节 掌握有效的沟通语言 ·················· 76
 第四节 电话沟通的技巧 ·················· 78

第四章 电子商务客户服务技巧 ·················· 84
 第一节 接待客户的技巧 ·················· 88
 第二节 客户需求的满足 ·················· 90
 第三节 不同类型客户的服务技巧 ·················· 93

第五章 电子商务客户的分析与客户关系管理 ·················· 99
 第一节 电子商务客户类型分析 ·················· 100
 第二节 电子商务客户关系管理 ·················· 107

第六章　电子商务客户服务管理系统 ······ 124
第一节　电子商务客户服务系统的使用 ······ 125
第二节　常用的电子商务客服管理工具 ······ 126

第七章　电子商务售后处理工作 ······ 137
第一节　电子商务售后产品的退换货处理 ······ 138
第二节　电子商务的客户投诉处理 ······ 143
第三节　电子商务售后的客户维护工作 ······ 150

参考文献 ······ 160

第一章 电子商务客户服务概述

【知识目标】

1. 理解电子商务客户服务及电子商务客服人员的含义。
2. 掌握电子商务客户服务的流程。
3. 掌握区分电子商务客户服务类型的方法。
4. 了解电子商务客户服务的素质要求和岗位要求。

【技能目标】

1. 能以健康的心态面对电子商务客户服务的工作。
2. 能使用电子商务客户服务的常用交流工具。
3. 制订初步的职业生涯规划。

【知识导图】

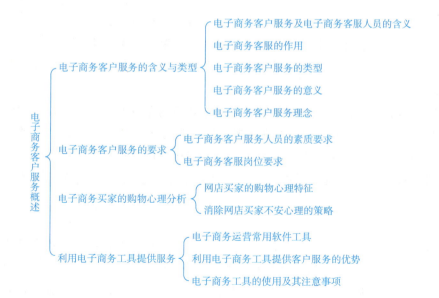

案例导入

京东的客服体系

2015年,京东有7000多人的客服团队,他们每天24小时全年无休地倾听着客户的声音,并通过大数据汇总、分析、整理,将涉及品质的问题及时反馈给采销部门,并联合供应商、甚至厂商进行有针对性的改进。

秉承"正品行货""客户为先"的理念,京东客服人员扮演着优化大师的角色,不断刷新客户的期望值,让京东的服务更快一步,品质更优一步。

一、背靠系统支持——京东客服能"先知"

"电话打进来,客服人员就能根据电话号码追踪到该客户所有的购物记录、订单信息,不用询问订单号,就能又快又有针对性地帮客户解决问题。京东客服人员是'先知'。"京东客服体系运营管理部负责人王恒英告诉记者,这依托的是京东自主研发的客户关系管理系统(CRM)和知识库系统,以及客户问题追踪体系。

CRM打通了底层正向物流和逆向物流的整个链条,客服人员从系统里能够看到客户的购物行为轨迹,当客户在线或电话咨询时,系统就能主动提醒客服人员。同时,CRM还与知识库互联互通,能够精准匹配相关解决方案,如订单的状态、几天能到货等,让客服人员以最快的速度解决问题。王恒英说:"客服人员要对客户问题进行追踪,我们称为'跟单',必须让客户的问题在有效时间内得以解决,解决之后这一'单'才能关闭。这与客服人员的考核直接挂钩。"

此外,京东的客服团队还实行分级式服务。一般来说,一线客服人员解决不了的问题,会自动升级到更高级别的专业人员进行解答,如投诉等。京东客服中心客户投诉管理负责人汤磊告诉记者:"随着客户对体验的要求越来越高,京东正努力打造扁平化的客服体验,让客户一个电话打进来,就能最精准地找到能帮他解决问题的人,通过CRM系统、大数据分析,不断优化客户体验。"

系统化的管理和标准化的流程确保了京东客服的服务品质。汤磊说:"在客服中心的运营上,我们的接起率和客户满意度一直在业内首屈一指,通过COPC的认证就是证明。"2014年10月底,京东全国客服中心宿迁分中心通过了国际客户服务标准化认证机构COPC的认证,这在国内电商行业尚属首例,也标志着京东的服务水平迈向了国际水平。

二、践行"客户为先"的理念——给你人情味的服务

"京东的商品品类超过几千万种,让每个员工掌握所有商品信息不太可能。让平均年龄21岁的年轻客服队伍应对如此复杂的业务,这是非常大的挑战。"王恒英说。解决这个问题,京东靠的是完善的培训体系和知识管理体系,夯实客服人员的专业知识和专业技能。

据汤磊介绍，客服人员上岗前要经过一个多月脱岗的严格培训，200余人的兼职讲师团队全部来自业务前线，从总监到基层员工，各层级都有讲师参与到新员工的培训中。知识库内容涵盖客服人员需掌握的所有知识、标准和案例。但这些知识点会根据商品的变化、促销活动的变化等不断改变，这就要求客服人员灵活理解、举一反三。

可面对一些特殊的"棘手"问题，有时候专业技能也派不上用场，这时更需要的是客服人员灵活应对，以及"客户为先"的服务理念。汤磊向记者分享了一个故事：去年冬天，一位深圳的客户给远在西安的父母买了一个路由器，但是老人不会安装和调试，于是向客服人员咨询，可按照客服人员的电话指导还是无法正常联网，在两位老人着急又无助的时候，客服人员发动自己在西安的朋友，请朋友上门帮忙，最终解决了老人的问题。

京东"客户为先"的理念就是这样落实到每一个客服人员身上的。正如王恒英所言，除了配送员之外，客服是与客户最近距离接触的环节，客服人员也是京东品质的延伸。为了给客户打造全流程优质的购物体验，仅有知识库里的答案显然不够，客服人员还要贴心、暖心，提供有人情味的服务。

三、倾听客户声音闭环管理中的每一条客户投诉

"客户反映的商品品质问题，我们会第一时间与采销等上游部门沟通，核实商品信息。对于我们收集到的客户集中反映的商品问题，我们会加以汇总，以最快的速度反馈给相关负责部门，推动其及时整改。"汤磊告诉记者。

据了解，京东客服部门建立了以VOC（客户声音）为驱动的交流机制，通过每日一案例的内参、早会通报，以及每月的投诉月报、不定期的通报等，及时反馈客户的问题。京东每天都会向客户发送消费者满意度调查问卷，每一条VOC都会有专人分析、查看。每月客户关怀部还会推出当月投诉月报，集中反馈各业务部门的投诉情况，各业务部门也会针对涉及的问题做出改善方案。

根据不同的客户声音，京东有专业团队负责分类，再与相应负责人进行沟通，追踪问题解决情况，最后检验效果，实现全流程联动，形成闭环式管理。王恒英说，客服人员的职责就是运用客户服务技巧做好客户的咨询与投诉处理，总结反馈客户的意见与建议，与各部门保持良好的联系沟通，提高客户整体满意度。

作为与客户亲密接触的关键一环，客服在京东360度质量保障体系当中既是最后一环，又是最初一环，通过将客户的声音回传给各相关部门，客服成为驱动京东商品品质和服务品质双双提升的引擎，使京东的质量保障得以正向循环。凭借强大的技术支持和系统化的管理方式，以及"客户为先"的理念和人性化的贴心服务，京东客服团队已经成为电商行业客服领域的样本。

思考：什么是电子商务客户服务？你是如何看待京东的客服体系的？

第一节　电子商务客户服务的含义与类型

课堂讨论

电子商务客服与传统客服是对立的还是相互帮助、相互弥补的？目前最流行的O2O（Online to Offine，线上到线下）模式对电子商务客服的要求是什么？

一、电子商务客户服务及电子商务客服人员的含义

任何能提高客户满意度的内容都属于客户服务，电子商务客户服务（以下简称电子商务客服）是指在网络贸易这种新型商业活动中，充分利用各种通信工具，并以网上即时通信工具（如阿里旺旺）为主，为客户提供相关服务的活动。这种服务形式对网络有较高的依赖性，所提供的服务一般包括客户答疑、促成订单、店铺推广、完成销售、售后服务等几个大的方面。

电子商务客服人员是承载着客户投诉、订单业务受理（新增、补单、调换货、撤单等），通过各种沟通渠道参与客户调查、与客户直接联系的一线业务受理人员。

知识链接 1-1

网店客服

电子商务客户服务包括很多方式，网店客服是电子商务客服中的一种，它通过网络给客户提供解答和售后服务，称为网店客服。目前，网店客服主要是针对网购系统，如淘宝网上的网店客服就是阿里软件提供给淘宝掌柜的在线客户服务系统，旨在让淘宝掌柜更高效地管理网店、及时把握商机、从容应对繁忙的生意。

淘宝网店客服的现状：淘宝有专职/兼职网店客服超过100万人，但有经验的资深客服非常稀缺。

就业前景：由于淘宝的不断壮大，市场缺口巨大，除了网店/商城自己招聘客服人员外，目前有专门提供客服的公司，同时出现了专门招聘网店客服的招聘网站，但是只是以销售客服为主。相信不久，技术客服、售后客服等职位将不断增多，未来的网络客服将成为客服市场的主力。

二、电子商务客服的作用

在电子商务中，客服的作用是什么？

（1）塑造店铺形象：客服是店铺形象的第一窗口。

（2）提高成交率：客服在线能够随时回复客户的疑问，可以让客户及时了解需要的内容从而促成交易。

（3）提高客户回头率：客户比较倾向于选择他所熟悉和了解的卖家，从而提高客户再次购买率。

（4）更好地服务客户：可以给客户提供更多的购物建议，更完善地解答客户的疑问，更快速地对客户售后问题给予反馈，从而更好地服务客户。

（5）提升销售转化率和客单价：电子商务客服工作对提升销售转化率和客单价有重要意义，因为电子商务客服工作涉及的询问量和销售单数与销售转化率和客单价存在以下关系。

$$销售转换率 = 销售数量 / 客户询问量$$
$$客单价 = 所有成交额 / 销售单数$$

三、电子商务客服的类型

课堂讨论

分组讨论，一个客户购买了一个iPhone11手机外壳，这个客户的关联需求还有什么？如果你是店铺客服，你会怎么做？

一个完整的销售流程至少应当包括售前服务、售中服务和售后服务三个部分。售前服务、售中服务、售后服务这三个过程，其实有人为的因素在里面；真正的销售过程是这三个过程的不断交互。以售前服务的执着发掘客户新的及可能的需求；以售中服务的认真服务和仔细交流，实现与客户共同进步，相互依存；以售后服务的责任感解决客户的所有后顾之忧。

（一）售前客服

售前服务（pre sale service）是企业在客户未接触商品之前所开展的一系列刺激客户购买欲望的服务工作，主要提供信息、市场调查预测、商品定制、加工整理、提供咨询等。

售前客服是店铺的形象，是吸引客户进入店铺、促成交易的第一要素，首要的工作就是做好客户购物的引导工作，做到"不放过每个进店的客户"，并且尽可能提高客户进店购物的客单价，提高全店的转化率。

传统早餐店的启示

一家早餐店在销售豆浆时,店员总是会询问顾客"(先生/小姐),要不要加蛋",结果一半左右的顾客同意加一个蛋。而隔壁还有一家早餐店,他们的店员在出售豆浆时总是询问顾客"(先生/小姐),加一个蛋还是加两个蛋",大半的顾客回答是"加一个蛋",也有少部分爱好吃蛋的顾客回答"加两个蛋",只有极少数的顾客回答"不要加蛋"。同样是询问,结果却大不相同。这就是引导销售的结果,我们总在选取工具做关联营销,其实,站在销售第一线的客服人员才是最好的关联营销推手。

(二)售中客服

售中服务(sale service)是指在商品销售过程中为客户提供的服务,如为客户介绍、展示商品,详细说明商品的使用方法,耐心地帮助客户挑选商品,解答客户提出的问题等。售中服务与客户的实际购买行动相伴,是促进商品成交的核心环节。

(三)售后客服

售后服务(after sale service)是企业对客户在购买商品后提供多种形式的服务的总称,其目的在于提高客户满意度和忠诚度。凡与所销售商品有连带关系,并且符合购买者特征的服务,包括商品配送、商品退换、维修、接受投诉等具体事物,并告知客户保养、使用技术等方面的服务,都属于售后服务。

电子商务售后服务需要遵守的原则见表1-1。

表1-1 电子商务售后服务原则

序号	原则	具体内容
1	礼尚往来原则	又称为互惠原则,在和客户达成交易的关系时,可以在适当的时机,赠送客户一些有纪念性的小礼品,让客户觉得客服人员很重视他。当客服人员需要信息时,客户也会告诉客服人员商品的使用效果等相关信息,甚至把店铺竞争对手的一些信息告诉客服人员。所以客服人员帮客户的忙、对客户做出让步,会让客户感觉自己也应该替客服人员做些事情。增进与客户的关系,会带来连续的消费行为
2	承诺与惯性原则	客户有一种什么样的习惯,或者说他有什么样旧的做法、做事的方法或处理事物的一些态度,客服人员要掌握这种惯性的原则。这个承诺与惯性的原则就是客服人员如何更进一步地与客户相处,以及找到一种客户内心需要层次的提升
3	社会认同原则	购买商品和服务的人数能极大地影响客户的购买决策,让更多的人来购买就是客服的首要任务。如果客服人员与客户的关系处理得很好,这时公司又开发了一个新的商品,当客服人员与客户沟通时,也可以用这种方法告诉客户,"您看我们的商品还没有上市就已经有很多客户向我们订了单子,您可以看看某某报纸对我们这个商品的报道,社会对我们的评

续表

序号	原则	具体内容
3	社会认同原则	价都不错……"当他看到这样的一个东西或者听到这样一个信息时,他会觉得,"嗯,不错,人家都买了,我也应该买",这就叫作社会认同原则
4	同类认同	同类消费群体对商品的使用,容易让客户接受,这就叫同类认同。所以客服在与客户交流沟通的过程中要确认客户的群体特性,在客户咨询时推荐给同类消费群体
5	使用者的证言	这也是促使客户购买商品的一种因素,利用曾经买过自己商品的人,或使用过自己商品的人的一些见证,告诉客户,这也是影响客户购买决定的一种方法。所以客户的评价能影响商品的销售
6	名人效应	名人都拥有很多"粉丝",他的举止行为会影响或者干预"粉丝"的购买行为,让名人来代言商品,能加快商品销售的速度,更快把商品推向市场,激发客户采取购买行动
7	客户关怀	客户介绍的潜在客户比全新的客户更为有利,它的成功概率是全新客户的15倍。一个优秀的客服人员,会很在意培养他的忠实客户,从而利用忠实客户带来大批新的客户,这就是在运用客户关怀

今天的售后服务并不是客户已经买了商家的商品,客服人员去给他做服务,而是建立一种和谐的人际关系。客户还没有购买商家的商品之前,客服人员可以使用这些原则,促使客户更相信商家的商品,更相信客服人员。而购买过商品的人,客服人员也要让他更进一步地与自己维持一种更信赖的关系。

四、电子商务客户服务的意义

在电子商务中,客户服务的目标是什么?让来的人都买、让买的人买更多,也就是我们平常所说的转化率和客单价,提升转化率和提升客单价就是客服的目标。

要提升转化率和客单价需要做到以下几点。

(一)塑造公司形象

网络购物,客户只是依据图片和文字描述进行购买,缺乏对实际情况的了解,容易产生距离感和怀疑感。客服的一个笑脸(阿里旺旺表情符号)或者一声亲切的问候,都能让客户真实地感到他是在跟一个善解人意的人沟通,有助于客户放松戒备,树立良好的公司形象。

(二)提高成交率

客服人员在线能够随时回复客户的疑问,可以让客户及时了解需要的内容,确认商品是否与事实相符,打消客户的顾虑,从而立即促成交易。

客服面对犹豫不决的客户,良好的专业知识和销售技巧,可以帮助客户选择合适的商品,促成客户的购买行为,从而提高成交率。

没有付款的客户,在线客服人员要及时跟进,通过向客户询问汇款方式等督促客户及时付款。通过客服人员良好的引导与服务,客户可以顺利地完成订单。电子商务客服的意义就是提高订单的成交率。

（三）提高客户回头率

当客户在客服人员的良好服务下，完成一次良好的交易后，客户不仅了解了商家的服务态度，也对商家的商品、物流等有了切身的体会。当客户需要再次购买同样的商品时，就会倾向于选择他所熟悉和了解的商家，从而提高客户重购率。

（四）更好的客户体验

电子商务客服有个很重要的角色就是可以成为客户在网上购物过程中的保险丝。客户线上购物出现疑惑和问题的时候，客服的存在可以给客户更好的整体体验。

如果把电子商务客服仅仅定位于和客户的网上交流，那么我们说这仅仅是服务客户的第一步。一个有着专业知识和良好沟通技巧的客服人员，可以给客户提供更多的购物建议，更完善地解答客户的疑问，更快速地对客户售后问题给予反馈，从而更好地服务于客户。只有更好地服务于客户，才能获得更多的机会。

五、电子商务客户服务理念

（一）企业的发展需要优质的客户服务

服务理念非常广泛，任何一个行业都有服务，如一家企业在售出家电或者汽车后，就要提供保养、维修等售后服务；还有一些企业可以称得上是服务型企业，如戴尔电脑的服务理念就是根据客户的要求定制电脑，大众生产的POLO可以根据客户的喜好指定汽车颜色，等等。

简要地说，服务就是达到或超越客户的期待，如图1-1所示。这个定义中有三个重要的概念：

第一，客户的期待，也就是客户怎样看待这件事情，是满意还是不满意，这是一个心理上的感觉，是主观因素。另外，满足客户的利益需求是客观因素。

第二，达到，即满足客户的客观需求和心理期待。

第三，超越，仅仅达到还不够，要做得更好，远远超出客户的期待，令人难忘。

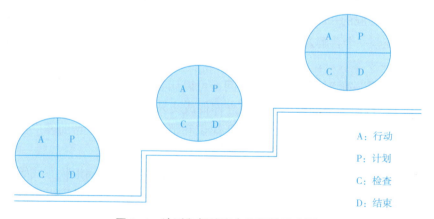

图1-1 达到和超越客户的期待示意图

1. 企业需要优质的服务

企业的根本目标是盈利。现在越来越多的企业都认为真正的盈利模式应该是不断地为客户创造价值。企业必须转变传统的营销思维模式，如图1-2所示。目前，全世界优秀的企业都号称自己是服务型企业，服务的浪潮在21世纪再一次兴起，企业的竞争越来越多地进入服务领域。

图1-2 营销的基本要素从4P转变为4C示意图

所谓客户就是需要服务的对象，可分为外部客户和内部客户。其中，外部客户是指那些需要服务但不属于企业员工的社会群体和个体，如中间商和产品的终端客户。

内部客户则是指工作流程的下一道工序。在整个工作流程当中，每一道程序都有前一道和后一道，自己是前一道工序的客户，而下一道工序则是自己的客户。只有每个部门、每个岗位都把自己的客户服务好，最后面对终端客户的时候才能提供真正优良的服务。

企业的竞争策略主要有两种：价格优势策略和差异化策略，而服务就是一项非常有效的差异化策略。如果两家企业产品、实力、品牌、技术、人员都没有什么差异，那么客户为什么要选择你，所以优秀的服务品质是提高竞争力的有力手段。

2. 优质服务对企业的影响

相关调查显示，提供优质服务的企业，平均每个客户会转告5个人；通过有效解决客户的问题，提供优质服务的企业会使95%的客户成为忠诚客户；开发新客户要比维护老客户多花5倍的成本；而1个忠诚客户相当于10次重复购买产品的价值。所以维护老客户的价值是拜访新客户价值的60倍，如图1-3所示。

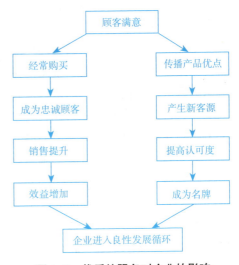

图1-3 优质的服务对企业的影响

3. 劣质的服务对企业的影响

如果企业提供了劣质的服务，那么平均每个客户会把抱怨告诉 10 个人，其中 20% 的客户会把抱怨传播给 20 个人；一次不好的服务需要 12 次好的服务来修正；一般来说，只听到 4% 的抱怨声，81% 的客户就会永远地消失了，如图 1-4 所示。

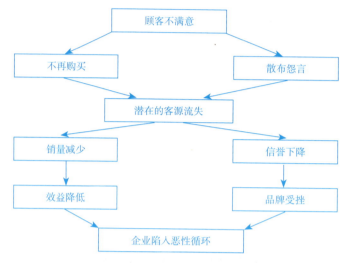

图 1-4　劣质的服务对企业的影响

企业之所以失去客户，是因为把金钱和利益置于服务之上。服务需要成本，不提倡付出大量的成本之后只有少量回报，但是必要的成本必须付出。好的优质的服务能提高客户的信任度，增加业务的信誉度，带来更多的客源，是便宜而有效的广告宣传。口碑对于企业非常重要，有很多产品并没有花大力气进行广告宣传，而是凭口碑一点点占领市场；而有的产品不惜成本做了很多的广告，但是销售却不尽如人意，主要是因为产品的口碑不好。

总之，客户满意或者不满意，会在无形之中把企业推向良性循环或者恶性循环。

（二）企业要树立客服意识

企业的产品不是单一的有形产品或实物产品，而是"有形产品 + 客户服务"的组合产品，是企业实施差异化竞争策略的重要措施。客户服务不单是客服部门的事情，而是一个组织的事情；任何部门、职位、流程、体系，都必须以客户为中心而开展工作，把客户满意度作为自己工作的终极目标，其中客户服务部门承担了最重要的工作。不仅如此，在员工牢固树立外部客户服务意识的同时，还要牢固树立内部客户服务的意识：把兄弟部门、同事视为客户，给予百分之百满意度的内部服务。作为管理部门要以客户为导向，在服务中做好管理工作。一个管理部门和管理人员的效率直接体现在其对下属部门和员工提供服务的质量上。有了成功的内部客服意识和积极效果，优秀的外部客服就有了基础。

做好全员客服工作，需要全体员工不断提升自身的职业素养。职业素养至少包含两个重要的相互关联的内容：职业道德和职业技能。道德是"德"，技能是"才"，是"艺"；德才兼备，德艺双馨。具体来说，职业道德就是企业倡导的企业文化——责任心、主动性和自豪感；职业技能不单指大家必须要掌握的一些从业的基本知识和基本技能，作为一个合格的客服人员和营销人员，还必须对行业的发展变化、市场营销管理、店面管理、企业文化、品牌经营战略、营销体系和营销政策、内部运营体系等有深刻全面的认知，这样才能将企业的文化和价值有效传递给客户和社会。企业客服部的员工都要直接面对客户进行交流和沟通，是企业的一面镜子和窗口，在一定程度上代表着企业，彰显着企业的形象，更需要在"德"与"才"上下大力气，提高自己的素养，真正成为企业的营销专才和形象大使。如此，则功在企业，利在自己！

服务的层次

服务可以分为四个层次：基本的服务、满意的服务、超值的服务和难忘的服务（图1-5）。

（1）基本的服务，如顾客在超市里购买了100元的商品，付款后买方与卖方互不相欠，这时候顾客的基本物质价值利益得到满足，这就是基本的服务。

（2）满意的服务，就是提供服务的商家态度友善，使得顾客得到精神方面的满足。例如顾客去超市购物，超市的服务人员对顾客殷勤问候、热情招待、语气友善、态度礼貌，这就是满意的服务。

（3）超值的服务，是指具有附加值的服务，指那些可提供可不提供，但是提供了之后能够使顾客更加满意，觉得有更大收获的服务。

（4）难忘的服务，是客户根本就没有想到的，远远超出他的预料的服务。

服务的水准线应该是满意的服务，因为优质的服务不但要满足客户物质上的需求，还要满足客户精神上的需求。

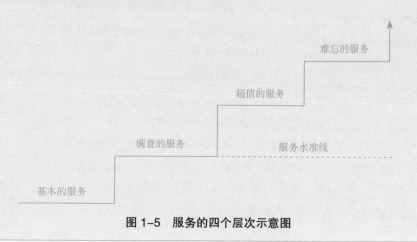

图1-5 服务的四个层次示意图

第二节　电子商务客户服务的要求

一、电子商务客户服务人员的素质要求

要做一名合格的客服人员，应具备严谨的工作作风、热情的服务态度、熟练的业务知识、积极的学习态度，耐心地向客户解释，虚心地听取客户意见等，见表1-2。

表1-2　客服人员基本素质与技能表

素质要求	基本技能	核心职能
具有饱满的工作热情和认真的工作态度，这是合格客服人员的一个先决条件。一名合格的客服人员，只有热爱这门事业，才能全身心地投入进去	良好的心理素质及自控能力，在面临工作压力时能够使用适当方法加以疏解，并维持应有的工作表现与人际关系。乐于全身心投入工作，富有团队合作精神	追求卓越，能为自己设定具有挑战性的工作目标并全力以赴，要求自己的工作表现达到高标准，并不断寻求突破。主动积极做事，面临问题立即采取行动加以解决，且为达目标愿意主动承担额外责任
熟练掌握各方面的业务知识，准确无误地为客户提供各项服务，让客户在满意中得到更好的服务	能够很好地辨明公司与客户间的利益关系。掌握基本的计算机基础知识和语言要求	能掌握客户需求，运用适当销售策略及方式，建立客户对产品或服务的信心与认同感。能主动寻求有利于工作的人际关系或联系网络，积极建立并有效管理、维系彼此的长期合作关系
在工作过程中，应保持热情诚恳的工作态度，始终信守"把微笑融入声音，把真诚带给客户"的诺言	有良好的倾听与沟通能力，做好解释工作。遇到客户不懂或很难解释的问题时，要保持耐心，一遍又一遍地讲解，直到客户满意为止。同时具备准确的引导与判断能力	对客户展现服务热忱，有效满足客户需求、解决客户问题，进而提高客户满意度。能找出说服的关键或重要对象，依其特性及关心议题，运用适当方式使对方接受自己的意见或想法
具有良好的沟通协调能力，能倾听客户、了解客户、启发客户、引导客户，了解客户需要什么服务和帮助，找出公司存在的问题，对症下药，解决客户问题	语调抑扬顿挫，令人愉悦。说话前后富有逻辑性，能够熟练驾驭语言。能视谈话对象有条理地清楚表达想法，能确保对方专注聆听及充分了解，并可正确解读、响应他人所传达的信息以取得共识	行动或计划能考虑对客户的影响，主动了解顾客需求并迅速响应，提供客户所需信息，协助组织与客户建立长期合作关系

电子商务客户服务的三个阶段

电子商务发展的初期,并没有对客户服务提出很高的要求,所以第一代客户服务的内涵相对来说是比较简单的。随着电子商务应用的深入,电子商务商家必须迅速对客户各不相同且不断增加的要求做出反应,因而也对客户服务提出了更高的要求。对电子商务时代的企业来说,为了提高客户的忠诚度,对客户的服务应渗透到交易前、交易中、交易后的各个阶段中。换句话来讲,也就是要将客户服务贯穿产品的整个生命周期。

(1)交易前的客户服务。推荐—选择阶段,商家通过产品的照片、视频演示、内容描述、评论文章、下载演示文件等各种电子手段来提供服务;而消客户过直观、动态的感受体验产品,比较差异,决定需求。

(2)交易中的客户服务。供货定购阶段,商家通过在线谈判与客户进行交流,并通过在线交互用户群、在线技术支持、常见问题应答等手段来解除客户的后顾之忧;客户可以在线下订单、在线下载软件、在线支付货款获得所需要的产品和服务。

(3)交易后的客户服务。跟踪处置阶段,商家以网络为平台,及时收集客户反馈意见,进行技术分析,不断改进产品和服务,以此对客户提供持续的支持。此外,商家还可通过在线转售、分类广告等手段提供后续服务,以帮助客户处理产品和服务问题。

二、电子商务客服岗位要求

网络购物因为看不到实物,所以给人的感觉就比较虚幻。为了促成交易,客服人员必将扮演重要的角色,因此客服岗位要求规范客服人员的沟通交谈技能,促成订单实现。

(一)态度方面

1. 树立端正、积极的态度

当售出的商品出现问题时,不管是客户的原因还是快递公司的问题,都应该及时解决,不能回避、推脱。积极主动与客户进行沟通,尽快了解情况,尽量让客户觉得他是受尊重、受重视的,并尽快提出解决办法。除了与客户之间的金钱交易之外,还应该让客户感受购物的满足和乐趣。

2. 要有足够的耐心与热情

客服人员常常会遇到一些客户,喜欢打破砂锅问到底。这个时候就需要客服人员有足够的耐心和热情,细心地回复,会让客户产生信任感,即使对方不买也要说声"欢迎下次光临",呈现客服人员的良好素质;砍价的情况经常可见,在彼此能够接受的范围内适当让步,即使回绝也应该是婉转的,可以引导客户换个角度来看这件商品,让他感觉有足够的性价比。总之要让客户感觉客服人员是热情的真诚的。

（二）表情方面

微笑是对客户最好的欢迎，微笑是生命的一种呈现，也是工作成功的象征。所以与客户交流时，即使是一声轻轻的问候也要送上一个真诚的微笑，虽然双方是看不见的，但是你的微笑客户通过言语可以感受得到。此外，在使用阿里旺旺聊天时，多用些阿里旺旺表情，也能收到很好的效果。无论阿里旺旺的哪一种表情都会将自己的情感信号传达给对方。表情符号的使用会让你冰冷的文字绽放出迷人的微笑。

（三）礼貌方面

一句"欢迎光临"，一句"谢谢惠顾"，短短的几个字，会产生意想不到的效果。礼貌待客，让客户真正感受到"上帝"的尊重，减弱或消除客户的心理抵抗力。

沟通过程的关键不是你说的话，而是你如何说话。让我们比照下面的不同说法，来感受不同的效果："不行"和"真的不好意思哦"，"嗯"和"好的没问题"，都是前者生硬，后者比较有人情味；"不接受见面交易"和"不好意思我平时很忙，可能没有时间和你见面交易，请你理解哦"，相信大家都会感觉后一种语气更能让人接受。

（四）语言文字方面

（1）少用"我"字，多使用"您"或者"咱们"这样的字眼，让客户感觉客服人员是在为他思考，尽力帮他。

（2）常用规范用语。

"请"是一个非常重要的礼貌用语。常用的规范用语还有"欢迎光临""认识您很高兴""希望在这里能找到您满意的商品"。"您好""请问""麻烦""请稍等""不好意思""非常抱歉""多谢支持"……

（3）客户服务语言中不应有负面语言。

什么是负面语言？例如，我不能、我不会、我不愿意、我不可以等，这些都叫负面语言。

当客服人员说"我不能"的时候，客户的注意力就不会集中在客服人员所能给予的事情上，他会集中在"为什么不能""凭什么不能"上。正确方法："看看我们能够帮您做什么。"

客服人员说"我不会做"，客户会产生负面感觉，认为客服人员在抵抗；而客服人员希望客户的注意力集中在自己讲的话上，而不是注意力的转移。正确方法："我们能为您做的是……"

当客服人员说"不"时，与客户的沟通会马上处于一种消极气氛中。正确方法：告诉客户自己能做什么，并且非常愿意帮助他们。

让客户接受客服人员的建议，应该告诉他理由；不能满足客户的要求时，要告诉他原因。

（五）即时通信工具使用能力方面

1．阿里旺旺沟通的语气和阿里旺旺表情的活用

在阿里旺旺上和客户对话，应该尽量使用活泼生动的语气，不要让客户感觉被疏忽了。

如果实在很忙,不妨客气地告诉客户"对不起,我现在比较忙,我可能会回复得慢一点,请理解"。尽量使用完整客气的语句来表达,如告诉客户不讲价,应该礼貌而客气地表达这个意思"对不起,我们店商品不讲价",并且解释原因。

如果遇到没有合适语言来回复客户留言的时候,与其用"呵呵""哈哈"等语气词,不如使用阿里旺旺表情。一个生动的表情能让客户直接体会到你的心情。

2. 阿里旺旺使用技巧

可以通过设置快捷短语来实现忙乱时候的快速回复,如欢迎词、不讲价的解释、"请稍等"等,以及日常回复中客户问得比较多的问题,都可以设置为快捷短语,从而节约大量的时间,达到事半功倍的效果。

通过阿里旺旺的状态设置,可以给店铺做宣传,如在状态设置中写一些优惠措施、节假日提醒、推荐商品等。

如果暂时不在座位上,可以设置"自动回复",在自动回复中加上一些自己的话语,不至于让客户觉得自己被冷落了。

(六)针对性方面

任何一种沟通技巧都不是对所有客户一概而论的,针对不同的客户应该采用不同的沟通技巧。

1. 对价格要求不同的客户,沟通方式也有所不同

(1)大方的客户,不讨价还价:对待这样的客户要表达感谢,并且主动告诉他优惠措施,会赠送什么样的小礼物,让客户感觉物超所值。

(2)试探性讨价还价的客户:对待这样的客户既要坚定地告诉他不能还价,同时也要态度和缓地告诉他自己的价格是物有所值的,同时感谢他的理解与合作。

(3)天生爱讨价还价的客户:对于这样的客户,除了要坚定重申我们的原则外,还要有理有节地拒绝他的要求,不要被他的各种威胁和祈求动摇。适当的时候建议他再看看其他同类便宜的商品。

2. 对商品要求不同的客户,沟通方式也有所不同

(1)购买过类似的商品的客户,对购买商品的质量会有清楚的认识,性价比很清晰,需要客观推荐,如实描述。

(2)将信将疑的客户会问:图片和商品是一样的吗?对于这样的客户要耐心给他们解释,在肯定是实物拍摄的同时,提醒他难免会有色差等,让他有一定的思想准备,不至于把商品想象得过于完美。

(3)挑剔的客户会反复问"有没有瑕疵?""有没有色差?""有问题怎么办?""怎么找你们?"等。对这样的完美主义客户,要实事求是地介绍商品,把一些可能存在的问题都介绍给他,告诉他没有东西是十全十美的。

第三节 电子商务买家的购物心理分析

消除网店买家的不安心理是越来越多的网店店主所关注的问题,你能根据所学知识,采用相应的策略来消除客户的疑虑吗?

一、网店买家的购物心理特征

（一）买家网购担心的问题

在进行网购的过程中,买家经常会担心的问题见表1-3。

表1-3 买家网购担心的问题

序号	问题	分析
1	卖家信用是否可靠	卖家的信用一般是靠着自己的努力一单一单慢慢积累而来的,但是在淘宝网发展迅速的今天,也不乏通过不正当途径获取高信用的卖家,那么这就成了买家担心的问题,卖家的信用可靠吗?
2	价格低是不是产品有问题	网购能够盛行的很大一部分原因是网购的产品价格比市场上低廉。起初,网购便宜的原因是网店店主不需要支付房租、水电费从而可以降低成本,使消费者获利,但是现如今市面上充斥着太多不良产品,也使得网上开店的目的变得不那么单纯
3	同类商品那么多,到底该选哪一个	随着网民的增加,网店的数量也呈爆发性增长,与此同时,商品的同质化竞争也日益激烈。所以在搜索商品时会出现同种类型但价格相差很大的情况,那么到底该选择在哪家店铺购买这也成了买家不敢下单的一个原因
4	交易安全	网络是虚拟的,是以图片、视频或数字的方式呈现在顾客和店家面前的。对于初次购物者,肯定会对交易是否安全、网络交易中资金的去向担忧;对于经常网购的购物者,网络交易中的链接安全和账号安全是他们首先要考虑的
5	售后不到位	在现实生活中,购买一种商品如果该商品出现质量问题,可以寻找商家进行协商,但是网络交易中商家遍布全国各地,很难面对面地和商家进行沟通,所以在进行交易之前,店家的售后也是买家考虑的一个主要因素

案例 1-2

售后之七天无理由退换货

A：请问这款蓝色的包包还有货吗？（缺色）

B：您好，这款蓝色的现在没有货了，我推荐您考虑下同款的玫红色的哦。

A：为什么？但是我只喜欢蓝色的。

B：因为这款的玫红色的是我们现在同系列当中销售量最好的一款，蓝色单独从颜色上来看是非常好看的，但是不好搭配衣服，而且这也是许多客户的反馈，因此目前我们暂时没有对蓝色的进行补货，这款玫红色的搭配其他衣服时非常亮丽出彩，适合各个年龄段的人群，我建议您可以考虑下哦。

A：那我如果收到不喜欢怎么办？

B：这个您请放心，我们店铺是支持七天无理由退换货的，我建议您收到货后先把包包填满，然后背在身上试下上身的效果，再考虑是否喜欢，是否进行退换货。您说呢？

（二）买家心理分类

想要让自己的店铺在消费者心中产生一个好印象，那么就应该熟悉以下 11 种心理，见表 1-4。

表 1-4 针对常见买家心理

序号	买家心理	分析
1	求实心理	求实是客户最普遍的一种心理，客户在购物时，首先会要求商品具有实际的使用价值，讲究实用。有这种动机的客户在选购商品时会特别重视商品的质量效用，会追求朴实大方、经久耐用而不会过分强调产品的外形新颖、美观等个性特点
2	求新心理	有的客户购买商品最注重"时髦"和"新奇"，爱追赶"潮流"，这种客户大都为经济条件较好的男女青年，在西方发达国家的一些客户身上也很常见
3	求美心理	有求美心理的人往往喜爱追求商品的欣赏价值和艺术价值，以中青年女性和文艺界人士居多，在经济较为发达的国家比较普遍。这些客户在挑选商品时往往会注重商品本身的造型、色彩、工艺等，会注重商品对环境的装饰、对人体的美化，以便达到艺术欣赏和精神享受的目的

续表

序号	买家心理	分析
4	求名心理	这是一种以购买商品来彰显自己的地位和威望的购买心理，他们多会选购名牌，以此来"炫耀自己"。具有这种购买心理的人普遍存在于社会各个阶层，尤其是在现代社会当中，由于名牌效应的影响，衣食住行选名牌成了人们统一认可的一个标准，是一个人社会地位的体现
5	求廉心理	少花钱多办事的客户心理其核心是廉价和低档，只要价格低廉商品质量能够得到保证就可以
6	偏好心理	有偏好心理动机的人喜欢购买某一类型的商品，有的人爱养花，有的人爱收藏古玩，有的人爱摄影，有的人爱字画，等等。这种偏好往往同某种专业、知识、生活情趣相关。因此偏好购买心理动机也往往比较明智，指向性也很明确，具有经常性和持续性的特点
7	猎奇心理	猎奇心理是受众心理的一种，即要求获得有关新奇事物或新奇现象的心理状态
8	从众心理	这是一种仿效式的购买心理，其核心是"不落后于人"或者是"胜过他人"，这类客户对社会风气和周围的环境十分敏感，总是想跟着潮流走，有这种心理的客户在购买某种物品时并非是急切需要，而是为了赶上他人，超过他人，以此获得心理上的满足
9	隐秘性心理	这种人在购物的时候不愿意让其他人知道，通常会采取"秘密行动"。他们一旦选中某件商品而周围没有人观看时他们就会迅速成交，年轻人在购买与性有关的商品时经常会出现这种情况，而一些知名度很高的名人在购买奢侈品的时候也会有类似的情况出现
10	疑虑心理	这是一种瞻前顾后的购物心理，他们的核心理念是怕"吃亏上当"。他们在购物的过程中会对商品的质量、性能、功效等持怀疑的态度，怕不好用，怕上当受骗。因此他们会向销售人员询问，仔细检查商品，并且非常关心售后服务的情况，直到心中的疑虑完全解除才会掏钱购买
11	安全心理	有这种心理的人在购买商品时最关心的就是产品的安全。尤其是像食品、药品、洗涤用品、卫生用品、电器用品和交通工具等，不能出现任何问题，因此，他们会十分注意食品是否过期，药品是否正规，洗涤用品是否有化学反应，电器用品是否漏电，交通工具是否安全等。在销售人员解说、做出保证之后他们才会放心的购买

（三）不同类型买家心理的应对措施

针对不同类型的买家，应采用的心理应对措施见表1-5。

表1-5　不同类型买家心理应对措施

序号	买家类型	特点	心理应对措施
1	理智型买家	这一类买家的学历比较高，买东西有原则、有规律，所以买东西也比较理智。理智型买家的特点是原则性强、购买速度快、确认付款也快	对于理智型买家，我们要打动他（她）的心，一定要给予他（她）想要的东西。面对这种买家，客服人员就要做理性诉求，因为这类买家在购买前心中已有定论，他（她）需要以自己的专业知识进行分析，所以客服人员如果强行推销，会引起这类买家的反感。可见，这类买家最重视的是实事求是，并且是最忠诚的买家
2	贪便宜型买家	其实，买家在购买时的语言就能够表明他的性格和品行，在客户至上的前提下，卖家也一定要擦亮眼睛来保护自己。这类买家的特点是讲狠价、挑剔、稍不满意就退换货、赔偿等	对贪便宜型买家，应该先小人后君子。一定要注意保留阿里旺旺记录、照片、发货记录等，凭证会帮助你说明一切
3	冲动欲望型买家	现在淘宝网上60%的买家是女性，女性购物者的钱最好赚，因为女性花钱是感性的。这一类买家的特点是不看疗效看广告。这一点不仅仅体现在女装类目上，其他类目的女性购买者也是一样的。女性在花钱的时候会说：花钱可以带来快感。这种买家买东西时完全凭借着一种无计划、瞬间产生的一种强烈的购买渴望，以直观感觉为主，新产品对她们的吸引力最大，她们一般接触到第一件合适的商品时就想买下，而不愿意做反复比较，因而能够很快做出购买决定	对于冲动欲望型买家，一定要让他有一看就想买的冲动。这类买家在选购商品时，容易受商品外观质量和广告宣传的影响。所以宝贝描述和店铺装修是很重要的，它是帮助卖家留住这一类买家的第一功臣。人的信息量约80%来源于视觉，即使不是冲动型的买家，也喜欢逛漂亮的店铺

续表

序号	买家类型	特点	心理应对措施
4	舆论型买家	这类买家很喜欢去猜度别人的想法，他们不仅关心商品本身，还关心有多少人买过这个商品，买了这个商品后评价怎么样。如果把别人的好评都能放到商品描述中，就能打消这一类买家的顾虑	既然这一类买家的购买决定容易受外部的刺激，那么客服人员在沟通的时候就要用更积极的态度，给予买家强有力的正面暗示，尽量把自己商品的优势、功能和销售记录，以及他人的好评展示出来。"万人好评"等这类字眼是足够吸引这类买家的
5	VIP型买家	这类买家通常很自信，认为自己很重要，自己的看法全部正确。这类买家在买东西的时候一旦感觉卖家不重视他，他们的抵触心理就会很强烈	对于这样的买家，要尽量顺从他的意思，"我的地盘您做主"。尽量让他有国王的感觉，当这样的买家觉得自己对商品很内行的时候，客服人员一定要沉住气，让买家畅所欲言，客服人员要尽量表示赞同，鼓励其继续说下去。因为买家最得意忘形的时候便是最佳的推销时机。另外，给他们VIP的称号也是不错的主意，当他们享受到店铺特别提供的专项服务及购物的优惠方案时，他们更容易产生心理上的满足感
6	谨慎型买家	网络交易同线下相比，的确会给一部分买家不安全感，这类买家通常疑虑重重，他们会很谨慎，挑选商品的时候很慢，左右比较拿不定主意，还可能因犹豫中断购买，甚至买了之后还害怕自己上当受骗	对于这样的买家，应该让他们感觉：我是你最诚实而热情的朋友。客服人员在和这种买家沟通的时候，要多使用一些笑脸的表情，也可以去寻求一些相互的共同点，让买家把自己当成朋友，从而排除买家的紧张情绪，尽量让买家的心情放松下来，再中肯地介绍自己的产品，注意不要过于夸大其词，否则会适得其反。另外也可以像之前对待舆论型买家一样，给予一些有力的证据，消除他们的疑虑，如产品的合格证明、其他买家的好评等
7	惯性思维型买家	惯性思维型买家有两种：一种是购买手机充值卡、游戏点卡等的行为习惯型买家；另一种是情绪惯性型买家，这一类买家基本就是这家店铺的老顾客	惯性思维型买家不喜欢改变自己的习惯，所以如果店铺的"粉丝"特别多，当要更换店铺装修时，千万不能大动（当然小细节上的变动是必要的），要保留自己店铺的亮点、特色、品质和良好的服务

续表

序号	买家类型	特点	心理应对措施
8	情感义气型买家	这类买家对个人感情很重视，从购买心理的角度看：这类买家同卖家之间的交往以友情、热情、共同的喜好为特征	这类买家的购买行为，首先建立在对店主本人的价值观强烈认同的基础上，同时在交易的各个阶段都会跟卖家有很多的沟通，这一类的买家通常购买的东西会很多，其流失率比较低。一旦和卖家建立起感情，那他就是卖家最忠实的顾客了
9	任意好说话型买家	这类买家缺乏购买的经验，或者没有主见，往往是随意购买	对于这一类的买家，客服人员要提出自己的意见，帮他拿个主意。如果这类买家选择了自己的店铺，但是不知道要买什么的时候，他们会问客服人员，那么能不能留住客户的关键就在于能否提供中肯而有效的建议。当这类买家拿不定主意的时候，客服人员可以视情况帮他下决心，这样既节省了时间，又增加了对方的信心

案例1-3

衣服质量没问题

买家：你的衣服质量怎么样啊？

卖家：衣服都是我亲自进的，质量没问题。

买家：为什么人家卖20多元，你的卖40多元？

卖家：进货渠道不同、质量不同，价格自然不同。

买家：那你家衣服质量有人家的好吗？

卖家：这个我不知道！人家的衣服我没看过，我只能说我家的衣服我认为质量是不错的。

买家：是吗？那你便宜点吧。

（中间经过漫长的讨价还价过程，买家擅自拍下两件商品，卖家为了赚信用，不得以以30元的价格卖给她了。）

买家：你保证质量没问题吧？别人家的可都比你的便宜，你的贵我还买你的，你的质量可得有保证！

二、消除网店买家不安心理的策略

（一）针对新手买家

卖家首先要通过阿里旺旺卡片来识别新手买家，新手买家注册时间短，没有交易信用，多数没有上传头像。这些信息在阿里旺旺聊天窗口的右侧可以看到。通过查看会员卡片也可以看到相关信息，单击阿里旺旺聊天窗口中对方的会员名，可以查看到名片、信用、活跃、展示等各种信息，新手买家的阿里旺旺使用率低，活跃度也较低。

新手买家通常有两类：一是不熟悉购物流程，二是对网购缺少信心。掌握新手买家因网购知识的缺乏而产生的错误，要指导新手买家顺利购买，消除其不安情绪。

在与新手买家交易时经常会遇到以下情况，其相应的应对策略见表1-6。

表1-6 新手买家交易应对策略

序号	新手买家交易情形	应对策略
1	新手买家在单击"立即购买"按钮以后，以为拍下成功了，而不再继续输入验证码、填写购买数量等操作	提醒新手买家继续操作，直到系统提示"您买到了宝贝"才算购买成功
2	新手买家在拍下宝贝以后，通过网上银行把钱充值到自己的支付宝账户当中，以为付款成功，而不继续进行正常的付款操作	提示新手买家需到"已买到的宝贝"当中，单击"付款"按钮并进行付款操作，付款成交后交易状态会由"等待买家付款"变成"买家已付款等待卖家发货"，此时才为付款成功
3	新手买家会因为初次网购，在陌生的环境里产生莫名的紧张感	多使用阿里旺旺表情，表情更具亲和力，能拉近与新手买家的距离，可消除新手买家的紧张感
4	新手买家会因操作不熟练而导致操作失误。例如，一件宝贝反复拍了多次、拍宝贝的时候数量填写错误等	安抚新手买家，表明自己也曾犯过类似的错误
5	新手买家经常会催件，在没收到货物前反复查询	此类行为是由于买家对网购不信任引起的，此时卖家可引导新手买家查询快递的方法，并讲清支付宝担保交易的安全性

（二）针对一般买家

第一章　电子商务客户服务概述

卖家首先要通过阿里旺旺卡片来识别一般买家，买家注册的时间没有具体的长短分别，但是他们的等级和活跃度都比较一般。这一类买家已经有了一定的网络购物经验，熟悉了网络购物流程，所以在网络购物过程中会更加注重商品质量和服务态度。

一般买家通常有两类：一是在购买商品前对商品是否符合自己的理想需求比较在意，二是对网店客服人员的回答是否让自己满意很在意。从细节方面了解自己的商品，并且提升自己的服务态度，能够吸引一般买家成为我们的老顾客，消除他们的不安情绪。

与一般买家进行交易时会遇到以下情况，其相应的应对策略见表1-7。

表1-7　一般买家交易应对策略

序号	一般买家交易情形	应对策略
1	当一般买家看中某一商品之时，会随之而来延伸出许多关于该商品的问询，包括该商品的质量、价格、售后等细节方面的咨询	对自己店里在售的商品的性能等各方面进行全方位的了解，以便在买家提出问题的时候能够尽快并且全面地解答
2	一般客户在收到商品后会试用或试穿，如果发现该商品不适合自己，在保证商品不影响第二次出售的情况下，他们一般会提出退换货的要求	客服人员不能因为买家提出退换货要求而不回答买家。遇到这样的问题客服人员更加应该积极应对，以此来提高客户对客服人员的信任度，让客户在店内产生归属感，下次购物就不会提心吊胆，而是放宽心了

第四节　利用电子商务工具提供服务

今天，人们生活在一个高科技时代，信息科学技术的广泛应用已经彻底改变了整个营销世界。互联网、网络电视、掌上电脑、移动电话以及其他即将发明的科技设备成为或者将要成为联系客户与企业的工具。在当今的电子商务环境下，企业面对电子商务带来的机遇与挑战必须做出转变，寻找适合网络时代的新型客户服务管理模式。

课堂讨论

网络技术的应用给客户服务带来了巨大机会，一家服装精品店，为顺应时代的需求，开发了自己的网站。老板决定专门组建一个网络团队，对网站进行管理和维护：首先，商家可以向客户发布信息；其次，也可以从客户那里得到反馈信息；最后，商家还可以与客户直接进行沟通。菲菲是电子商务专业毕业的，老板让菲菲带领这个新团队。新官上任，

23

菲菲马上组织自己的团队开了第一次头脑风暴会议。菲菲认为，当务之急是让自己的团队了解网络时代的客户服务，制定工作目标和任务，有的放矢地开展工作。

（1）在电子商务时代，网络客户服务要做好哪些方面的工作？

（2）你知道网络服务的工具吗？

（3）电子商务客户服务可以通过哪些途径实现？

（4）在电子商务中，客户服务的过程和现实生活中一样吗？

一、电子商务运营常用软件工具

面对日益激烈的市场竞争，越来越多的企业在营销中开始关注人的因素，最大限度地满足顾客需求。顾客是否满意是评价企业顾客服务成败的唯一指标，只有顾客满意才能引发顾客对企业的忠诚，才能长期保留顾客。电子商务简化了流通环节，突破了时间和空间的局限，大大提高了商业运作效率。商业企业应该抓住电子商务发展的契机，与时俱进、不断创新，有效利用互联网信息平台，改变顾客服务策略，做好顾客服务工作。

（一）FAQ

FAQ（frequently asked questions），即常见问题解答，在公司网站中以客户的角度设置问题、提供答案，形成完整的知识库。同时还应提供检索功能，能够按照关键字快速查找所需内容。

（二）网络社区

网络社区包括论坛、讨论组等形式，客户可以在网络社区中自由发表对产品的评论，与使用该产品的其他客户交流产品的使用和维护方法。创建网上社区，不但可以让现有客户自由参与，同时还可以吸引更多潜在客户参与。

（三）电子邮件

电子邮件是最方便的沟通方式，通过客户登记注册，企业可以建立电子邮件列表，定期向客户发布企业最新信息，加强与客户的联系。

（四）在线表单

在线表单是网站事先设计好的调查表格，通过在线表单可以调查客户需求，还可以征求客户意见。

（五）网上客户服务中心

在企业营销站点开设客户服务中心栏目，可详细介绍企业服务理念、组织机构。通过客户登记、服务热线、产品咨询、在线报修等，为客户提供系统、全面的服务。

（六）开展网络个性化服务

个性化服务（customized service），也叫定制服务，就是按照客户的个性要求提供有针对性的服务。个性化服务包括三个方面：①服务时空的个性化，在客户希望的时间和地点提供服务；②服务方式的个性化，能根据客户个人爱好或特色来进行服务；③服务内容个性化，不再是千篇一律、千人一面，而是各取所需，各得其所。利用网络实施个性化服务符合一对一的现代营销理念，代表未来营销发展的潮流。

二、利用电子商务工具提供客户服务的优势

互联网的发展促进了电子商务时代的来临，通过互联网，商家可以更好地扩展自己的直销模式，全面地了解客户，了解并满足客户需求，从而提高客户的满意度和忠诚度。同时，客户也能自由和轻松地获取并分享信息，追求更好的服务、更低的价格和最短的时间。

就企业而言，利用电子商务工具提供客户服务有以下几点需要注意：

（1）实时沟通，实现"快"。

（2）整体协作。正因为互联网提供了前所未有的快速沟通，企业内部信息交换速度也要与外部客户服务系统一致。例如，网上订货只要几分钟，发货和交货却延迟几个星期，显然就不合适了。

（3）个性化服务。这是提高客户忠诚度的好方法。例如，很多网上书店，当客户选购某本书时，网站会自动建议你购买其他相关题材的书籍。

（4）简单方便，容易操作。

（5）安全可靠。企业要不断加强网站安全，为客户提供放心的网络环境，才能吸引客户，留住客户。

三、电子商务工具的使用及其注意事项

（一）回答客户常见问题

利用电子商务工具提供服务较好的入手点是回答客户常见问题（FAQ）。FAQ 是对公司基本情况的介绍，它能够引发那些随心客户的兴趣，也能帮助有目的的客户迅速找到他们所需要的信息。

通过设计良好的 FAQ，可以帮助客户解决相当一部分日常问题，提高解决问题的效率。例如"百度知道"和"百度百科"就是一个很庞大的 FAQ，如图 1-6、图 1-7 所示。

（二）利用好电子邮件

电子邮件（E-mail）具有价格低廉、快速、答复具有正式性等特点，既可以方便快捷地联系客户、解答问题，又可以为客户提供大量免费的新闻、专题邮件，并实现轻松的信息搜索，已经成为企业进行客户服务的强大工具，如图 1-8 所示。

在使用电子邮件时，要注意：

（1）对客户可能提出的问题做好准备。

（2）为客户提供方便，如提供给所有客户统一的电子邮件地址，在网页中设置不同类别的反馈区，由客户决定自己的问题属于哪一类。

（3）为了提高回复客户的速度，可以考虑采用统一格式，实现自动答复。

图 1-6 百度 FAQ（一）

图 1-7 百度 FAQ（二）

图 1-8　电子邮件

(三) 利用公共电子论坛

在互联网的 BBS 或新闻组 (News-groups) 上, 参与讨论的人员用电子邮件进行交流, 发表对某一问题的看法, 即电子论坛, 如图 1-9 所示。通常电子论坛之下有不同的讨论区, 讨论某一特定的主题, 如图 1-10 所示。

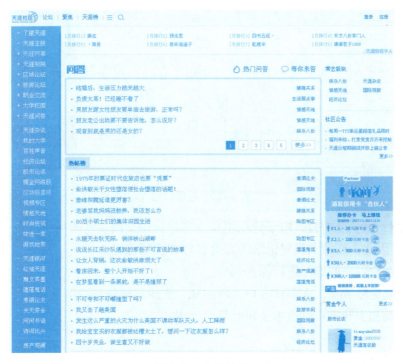

图 1-9　电子论坛

图 1-10 社区讨论

特别提醒：就企业而言，电子论坛不仅为客户提供交流发言的场所，企业还要对发布的内容负责。因此，必须实现对论坛的有效管理和控制管理：

（1）对客户发来的信件进行筛选刊登。

（2）控制论题数量，太多使客户无所适从，太少显得论坛冷清乏味。

（3）鼓励和引导客户讨论本公司产品的优点。

（四）其他电子商务工具

除了以上提到的客户服务支持工具以外，还有其他几种。

（1）建立个人网页。

建立个人网页即允许个人客户在公司网站上建立自己的个人网页，将相应的积极信息反馈给客户。

（2）建立客户数据库。

建立客户数据库，利用网络工具对客户购买信息进行处理，比传统方式更加快捷和准确。

（3）帮助桌面和呼叫中心。

帮助桌面和呼叫中心是一个复杂的客户服务实体，商家可以通过包括传统的电话在内的 E-mail、网站交互等方式进行通信并处理客户问题。

（4）公司微博。

公司微博提供发布信息、解答问题、了解账户或账单状态、在线定制等服务，如图1-11所示。

图1-11　公司微博

知识回顾

通过本章的学习，我们认识到电子商务客服是指在开设网店这种新型商业活动中，充分利用各种通信工具，并以网上即时通信工具（如阿里旺旺）为主，为客户提供相关服务的人员。电子商务客服人员是承载着客户投诉、订单业务受理（新增、补单、调换货、撤单等）、通过各种沟通渠道获取参与客户调查、与客户直接联系的一线业务受理人员。电子商务客服所提供的服务一般包括客户答疑、促成订单、店铺推广、完成销售、售后服务等几个大的方面，即要做好四件事情：塑造公司形象、提高成交率、提高客户回头率、更好的用户体验。好的客服是企业成功的关键。从经济学角度来说，现代市场竞争需要的不再是一味地打"价格战"，"服务战"占了越来越大的比例。而所有这一切都要由我们的客服人员来完成。企业也好，网店也罢，提高客服的服务水平尤为重要，迫在眉睫。售前客服、售中客服和售后客服，是一个不可分割的整体，是永远的互动过程。对电子商务客服来说，其职业素质、知识、技能都有其独特的要求，同时要熟悉电子商务客服的岗位要求和部门职责，了解电子商务客服的流程，熟悉相应的交易规则，在帮助客户的同时取得交易的成功，也就是说，让更多的人来买，让买的人买更多，这就是电子商务客服的目标。

课后练习

1. 请利用互联网查找客户差评的处理能力。

2. 请利用互联网查找评价解释和修改评价的能力。

3. 查询浏览常见的电子商务B2C网站，了解他们的客服技巧。

（1）浏览阿里巴巴、当当网、奕尚网、凡客、麦包包等B2C网站。

（2）利用阿里旺旺和你网购商品的皇冠卖家的客服人员联系，总结他们常用的沟通技巧。

（3）利用搜索引擎查询客服工作常用技巧。

电子商务企业客服人员流失现状分析及对策研究

一、概述

随着电子商务的深入发展,电子商务的市场越来越成熟。以淘宝为首的电子商务平台的发展向多元化发展,以往的拼价格、比质量的销售方式已经远远不能满足客户的求新心理。当淘宝推出"客户赢天下"的理论时,大家都纷纷关注销售的方式与质量。在服务经济的时代背景下,客户服务质量显得尤为重要。企业的客户是企业最重要的资源。企业的服务宗旨是满足客户的需求。企业盈利以及赢得市场占有率的根本保障是提高客户满意的产品(服务)质量水平。根据相关的研究,客户服务对企业的影响有以下四点:

(1)企业的客户流失有75%的原因与产品无关。

(2)若客户对企业产生不满,只有2%的客户向企业投诉。有98%的客户会用不再购买该企业的产品的行为来取代投诉。

(3)在这些不满意的客户中,有85%客户会将对企业与产品的不满传播给9个人;13%的客户会将这种不满传播给另外的20个人。如果客户感到满意,他只会把满意的服务传播给5个人。

(4)在企业发展的未来的6年中,将会流失现有客户的80%。其中,流失客户的65%是因为企业的服务或者不恰当的行为造成的。

综上所述,客服人员成了电商企业不可或缺的中坚力量,推动着电子商务企业的发展。目前,仅仅淘宝网的网店客服就已经达到了284万人。而客服人员需求量的增加以及客服人员离职率居高不下又给电商企业的人力资源的管理带来了很大的难题。

二、电子商务企业客服人员流失现状分析

1. 电子商务企业客服人员现状

客服的业务内容目前又涵盖了很多方面,如技术支持、答疑、远程桌面协助、语音服务、安排维修、数据收集、核实、过滤、销售、回访、投诉、催收、调查、通知、生活服务、信息查询、客户维护关怀……可以说现在的客服已经融入了所有领域,服务方式分为电话、邮件、网络在线、上门、来访……

客服部门作为一个直接面对客服的部门一直掌握着第一手的用户资料,也是最贴近用户的部门,另外,客服也是个人力密集型的部门,上面两个特点就注定客服除了本职工作

以外可能还会协助进行很多其他方面的工作，甚至包括部分服务的外包、市场促销、产品优化等。

在电子商务企业中，客服人员的流失率一向很高。从行业来看，客服中心的运营，最看重的是均衡之道，而人员快速的流失是破坏这种均衡的关键因素之一。人员的流失不仅极大地增加了电子商务企业的人力资源成本，而且新员工占比过高将直接影响企业的服务质量和服务效率，对整个客服中心的服务品质造成极大的负面影响。

长沙 A 公司是国内领先的电商第三方平价商品的促销活动组织平台。目前在长沙有 600 多位员工。其中客服人员已经占到了总员工数的 90%。客服部门主要包括售前客服、售中客服、售后客服、客服组长、客服主管、客服网管等。相关数据显示，长沙 A 公司客服人员的总年离职人数为 80 人，正式客服人员的年总流失率为 15%。其中，女性客服人员的流失率高于男性。

2. 客服人员流失的原因分析

客服人员流失由各种原因造成，包括主观个人原因、考核方式及制度压力下的职业倦怠、客户素质、工资薪酬等原因。

（1）主观个人原因。

电子商务企业是新兴发展行业，员工的大部分年龄为 23~27 岁，是所有行业中较为年轻的，充满了年轻的活力与朝气，在企业中客服人员年龄偏小。在企业中为了配合公司节日促销活动，企业还从高校中聘请了很多在校大学生做兼职客服。因此，工作的流动性和临时性较大，导致出现大量员工同时离职的情况。公司会出现暂时性的人手不够和轻瘫痪的状况。客服人员基本上是刚刚步入社会，相对来说缺乏社会阅历，工作中面对不同素质的客户，难免会遇到一些不愉快的事情，作为客服人员又不能随意宣泄自己的情绪。但是面对高强度的工作，很多客服人员会处在一个崩溃的状态，出现逃避心理，继而离职。

缺乏务实的工作态度。很多人认为客服的工作岗位只需要会打字就能胜任，作为大学毕业生去做这样的工作是大材小用。或者很多人只是把客服工作当作自己职业生涯的过渡，通过现在就职的公司可以找到自己更理想的工作。一旦找到合适的工作就会立刻离职。在这种心理状态下，很难全心全意地投入客服的工作岗位，对待自己的工作是敷衍了事的态度。

（2）薪资比较低。

薪资低是引起离职的员工离职的主要动机。电子商务企业工资幅度差异较大，对于客服人员的待遇起薪是 3000。客服人员的劳动强度比较大，一般是每周休息一天，而且经常加班,有倒班制。技术人员的每周休2天,并且薪酬高出很多。客服人员作为企业的一线员工,是薪酬最低的一个阶层,提成是按照接待客户的数量决定的。而其他的员工提成是按照公司所有接待员工的数量进行提成。造成客服人员工作消极,最终导致辞职。

(3)职业前景不乐观。

客服人员的发展空间比较小,晋升通道狭窄。售前客服人员入职的门槛比较低,需求量比较大。正常一个店铺只需要1~2名售后客服。售前客服只能晋升到售后客服,有些售前客服工作了3年依旧是售前客服,导致员工积极性降低。

(4)工作压力大。

电子商务企业的客服人员一般工作时间为9:00—24:00,白班和晚班两班倒。在平时,客服人员的日均工作量为接待客户量100~400人次。节假日促销活动期间,日均接待量为大于500人次。并且电子商务企业在活动期间看重首次接待时间和平均响应时间。这对客服人员的打字速度和反应能力提出了很高的要求。很多客服人员承受不住这么大的工作强度导致辞职。

三、应对电子商务企业客服人员流失的应对措施

1. 安排客服相关培训,培养务实的工作态度

利用客服工作量较低的时候,安排客服人员培训。培训的内容可以多样化,可以是专业的业务内容,也可以针对女性群体培训插花、发艺、美容的讲座。这些培训可以提升客服人员的整体素质,同时可以增进入职员工之间的感情,也能对服务的电子商务企业产生融入感。最主要的是能缓解客服人员的工作压力。

2. 合理的薪酬待遇

秉着优质优价的原则制定合理的薪酬制度。经验丰富的客服人员如果对薪酬不满就会跳槽。对企业来说,留下来的客服人员都是低素质的客服新手。高素质的员工的绝对量就会不断下降。如此下去,企业的整体竞争力会越来越弱。

企业可以依靠增加薪水来降低客服人员的离职率。完善现有的薪酬制度,建立弹性的考核制度。定期调整客服人员的薪资,增加薪资的弹性,让每个工作人员对自己的薪酬都充满了希望。在设定考核方案时,可以将基准目标定得相对低一些,可以使大部分人通过努力拿到100%的绩效工资,使少部分的表现一般的客服人员拿不到100%的绩效工资,使小部分客服人员可以拿到超过100%的绩效工资,这样可以提升员工的工作的积极性,并减少客服人员的流失率。

3. 建立规范合理的晋升制度

企业要提升客服人员的工作发展空间。客服部门要保证客服人员有丰富的工作经验和比较高的工作能力才能晋升。电子商务企业要想留下优秀的人才，必须构建合理规范的晋升制度。所以，客服部的主管要充分了解每个一线客服员工的能力，激发他们的潜能。给表现优秀的客服人员比较好的晋升通道。只有客服人员非常明晰自己的发展前景，才会有无限的动力与企业紧密相连并且共同成长。

4. 减少客服人员压力，合理调休

电子商务企业可以采取措施调整客服人员的合理休息的时间。售前客服人员的工作强度大，可使用弹性工作时间制度。在节假日或客户高峰时间段，增加适当的客服人数。在每次促销活动之后，关心客服人员的身心健康，进行必要的调休，体现企业对客服人员的人文关怀。员工的压力减少和适当的释放压力，客服人员的差错也会降低，工作效率相应提高，离职率也会降低。

第二章 电子商务客户服务工作流程

【知识目标】

1. 了解网站交易规则。
2. 了解物流及付款知识。
3. 了解网络安全交易知识。
4. 了解电子商务客服工作流程。
5. 了解电子商务客服销售流程。

【技能目标】

1. 掌握标准订单处理流程。
2. 能够熟练掌握运用商品交易过程中的工作技巧流程。
3. 能够熟练掌握网站交易规则、物流及付款知识、网络安全交易知识等。
4. 能够顺利完成客服工作流程实践模块练习。

【知识导图】

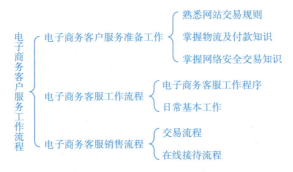

案例导入

"双十一"客服安排

在"双十一"活动中,客服的咨询量爆满,比平常多几十倍的咨询量需要充分做好准备工作,用积极应战的心态迎候大促,提升买家的购物满意度。

"双十一"当天客服安排:

（1）0:00—2:00：这段时间是"双十一"当天咨询量达到顶峰的时间段，客服全员到岗，负责该时间段的接待工作。除了客服进行接待工作之外，还要有专人进行数据监控、页面监控，一旦主页有卖完的产品，应立刻进行页面调整。

（2）2:00—8:30：疯抢顶峰期过后，进入平延期，客服开始轮班吃夜宵和轮班休息，养足精神迎候下一个顶峰期的到来，并一起进行页面的调整。

（3）8:30—11:00：白天的顶峰时段，除了清晨值勤客服休息之外，其他客服全员到岗。

（4）11:00—12:20：客服开始轮流吃午饭。

（5）12:20—17:00：全员客服到岗，进行接待工作。

（6）17:00—18:20：客服开始轮流吃晚饭。

（7）20:00：给客服派发糕点、饮料等，21:00后又是一个小顶峰期。

（8）一直到零点，若是有后备客服人员，及时把"双十一"当天的客服换下休息。

思考： 电子商务客户服务需要做哪些工作？

第一节　电子商务客户服务准备工作

小李应聘某淘宝店面客服工作，就要上岗实践了，小李被要求牢记各项网站交易规则、安全交易常识。请同学们相互讨论，小李还要做哪些方面的准备工作。

一、熟悉网站交易规则

规则不仅是大家共同遵守的制度或章程，也是一种管理手段。规则不仅使我们所生活的社会变得更趋于合理，而且还是管理者在处罚违规行为时的判断基础和衡量标准。作为一个交易平台，为了防止各种不诚信的欺诈行为，杜绝不正当的商业弊端，淘宝网这类网络零售平台都会制定一系列的规则和措施，来约束和规范用户在此平台上的行为，如图2-1和图2-2所示。

（一）淘宝网买家规则解读

1. 买家正常交易流程规则

（1）会员名可能被收回。

如果淘宝会员连续一年没有登录，会员名可能会被收回。

图 2-1　淘宝网交易规则首页

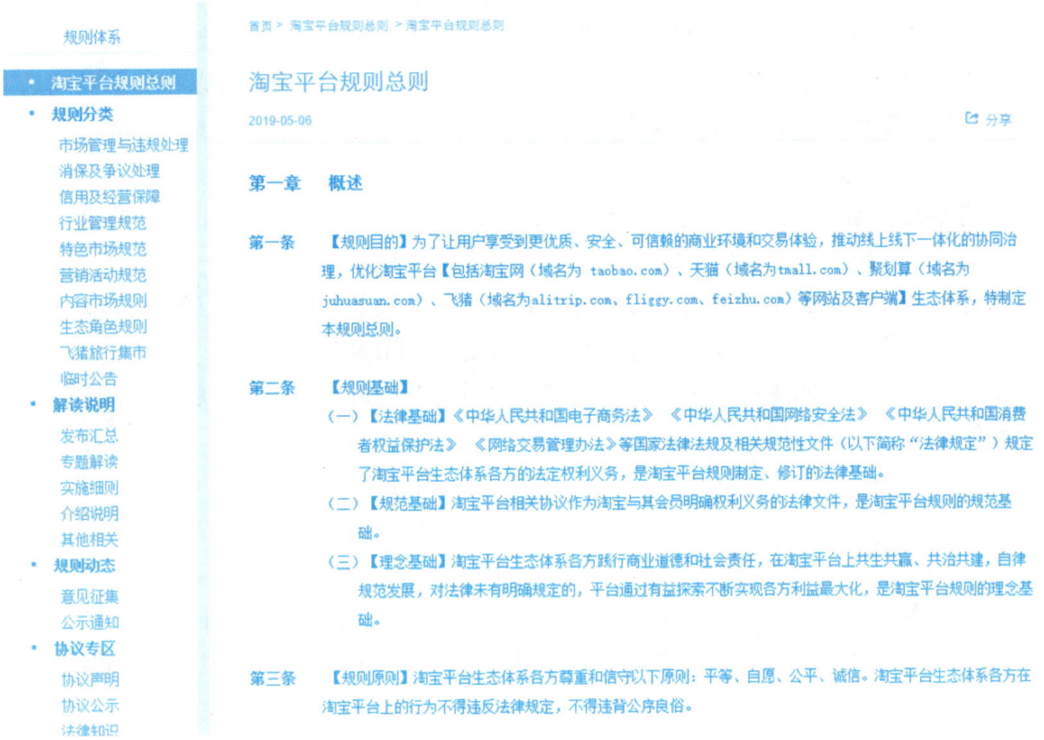

图 2-2　淘宝网交易总则

（2）交易超时注意事项。

付款时限：买家拍下商品后要在 3 天内完成付款，否则交易将会关闭。

申请退款：买家付款之后就可以立即申请退款。

确认打款时限：卖家发货后，如果在规定时间内没有确认收货或申请退款，系统将自动将交易款项支付给卖家。具体规定时间：自动发货商品 1 天，虚拟商品 3 天，使用快递发货及不需要物流的商品 10 天，使用平邮发货的商品 30 天。

退款时限：买家提出退款申请的操作时限为 7 天。如未能在 7 天内操作，退款将有可能结束，返回到正常交易流程。

（3）交易过后要评价。

淘宝交易成功后 15 天内，买家可以对卖家进行评价。超过 15 天后系统会默认给卖家好评，买家有一次追加评价的机会。

2. 买家违规处罚规则

竞拍不买：如果买家幸运地在竞拍中拍得商品，必须及时按照最终出价完成付款，否则将有可能被扣 12 分，并须向卖家赔偿最后一次出价金额的 5%。

恶意评价：买家应当真实、客观地给予卖家评价。一旦出现利用中、差评威胁卖家以谋取额外财物的现象，每次将被扣 12 分。

3. 买家遇到问题可以投诉

侵犯知识产权：如果买家购买了假冒商品，可以对出售该商品的卖家发起侵犯知识产权的投诉。若投诉成立，该卖家最高将会因严重违规被扣 48 分，并将被永久封号。

延迟发货：如果卖家在买家付款后 72 小时内都没有发货，买家可以在交易关闭后 15 天内发起延迟发货的投诉。若投诉成立，该卖家除被扣分外，还将额外赔付商品交易金额的 5%，最高不超过 30 元。

描述不符：如果买家收到的商品与卖家的描述不相符，买家可以在交易成功后 15 天内发起描述不符的投诉。若投诉成立，该卖家将被扣 3 分。

违背承诺：如果买家发现卖家没有履行其加入相关服务时做出的承诺，可以发起违背承诺的投诉。若投诉成立，该卖家将根据违规程度被扣除相应的分值。

发现卖家存在任何违规行为，都可以发起投诉。若投诉成立，卖家将会被处以相应扣分及其他处罚。

（二）淘宝网卖家规则解读

1. 卖家交易基础规则

（1）卖家账户解绑须知。

符合下列情况之一，不能解绑账户：一是卖家账户已通过支付宝认证并且发布过商品；二是卖家账户还有正在进行中的交易或未处理完的投诉举报；三是卖家账户拍卖押金还没有解冻或支付宝账户还没有被激活。

（2）店铺开设方法。

卖家首先要通过支付宝实名认证，并在淘宝网上公示真实有效的信息，同时需参加并通过开店考试，才可以开店。

（3）交易超时问题。

注意发货时限：如果卖家在买家申请退款之时起3天内仍未点击发货，系统将自动退款给买家。

注意退款时限：当买家申请退款后，有很多环节需要卖家进行相应的操作，要注意所有退款环节中需要卖家操作的时限都是5天，以免造成不必要的损失。

（4）评价条件和计分。

卖家可以在支付宝交易成功后15天内对买家进行评价。每个自然月中，相同买家和卖家之间的评价计分不得超过6分（以支付宝系统显示的交易创建的时间计算）。超出计分规则范围的评价将不计分。若14天内（以支付宝系统显示的交易创建的时间计算）相同买、卖家之间就同一商品有多笔支付宝交易，则多个好评只计1分，多个差评只记–1分。

2. 卖家违规处罚规则

（1）卖家容易触犯的规则。

违规行为包括严重违规行为和一般违规行为，两者分别扣分、分别累计、分别执行。

第一，当卖家的严重违规扣分累计达12分或12分的倍数时，将会受到不同程度的处罚，达到48分时将被永久封号。处罚措施包括屏蔽店铺、限制发布商品、限制发送站内信、限制社区功能及公示警告。以下行为属于严重违规行为：

发布违禁信息：卖家在发布商品时不能发布国家法律法规禁止发布的商品或信息。违禁信息按照严重程度区分为四级，每次违规相应被扣48分、12分、6分及2分。

侵犯知识产权：卖家应该尽可能从正规渠道进货并保留有效进货凭证。如果出现出售假冒商品或商品、店铺、会员等信息涉嫌侵犯他人知识产权的情况，将会根据违规程度分别被扣48分、12分或4分。

第二，当卖家的一般违规行为扣分到12分将会受到屏蔽店铺、限制发布商品及公示警告。以下为较常见的一般违规行为：

滥发信息：一是发布国家法律法规限制发布或影响网站运营秩序的商品或信息；二是以不当方式发布商品或信息（在禁止发布商品信息的区域发布广告信息的、店铺中同时出售同款商品两件及以上的、开设出售同样商品的店铺两家及以上的）；三是发布描述错误的商品或信息（商品信息缺少要素或要素之间不匹配的、商品信息不实或无关的、商品类目或属性不符的、信用等级或好评率虚假的；四是卖家在买家付款前且商品信息显示有足够库存的情况下，以任何理由表示不能在72小时内完成发货的。

虚假交易：卖家要坚持诚信经营的原则，保证信用及商品销量是真实的，不作假。一旦违规，将根据违规情节严重程度扣96分、48分及24分。

延迟发货：卖家必须在买家付款后72小时内发货，一旦违规，将每次被扣3分，并向买家赔偿商品实际成交金额的 5%，最高不超过 30 元。

描述不符：卖家对商品的描述必须尽可能真实、完整，不能刻意夸大，一旦违规，每次被扣 3 分。

违背承诺：卖家加入淘宝网的各项服务时，都会被要求做出相关的承诺，主要包括以下情形：一是如果卖家未履行加入消费者保障服务、试用中心时做出的承诺，每次被扣 12 分；二是如果未履行在加入相关服务时所做出的所有承诺，每次被扣 6 分；三是如果未履行自行做出的其他承诺，每次被扣 4 分。

恶意评价：卖家切忌利用中、差评对同行进行恶意竞争，以谋取不正当利益。一旦违规，每次扣 12 分。

（2）卖家投诉买家。

如果卖家在交易过程中遇到买家存在以下违规行为时，可以发起相应的投诉。

竞拍不买：如果买家在竞拍中拍得商品，却拒绝按其最终出价购买，卖家可以在买家拍下后 15 天内发起投诉。若投诉成立，该买家将被扣 12 分，并向卖家赔偿其最后一次出价金额的 5%。

恶意评价：如果买家利用中、差评对卖家进行威胁以谋取额外财物，卖家需要保留好有效凭证，并在交易成功后 15 天内发起投诉。若投诉成立，该买家将被扣 12 分，该评价将被删除。

（3）卖家遇到问题处理规则。

规则频道：淘宝首次推出的官方规则推广平台。频道中集中展现了淘宝规则正文、淘宝官方规则解释，帮助卖家更好地了解规则、理解规则。

淘宝首页规则专区：每日发布最新规则变更信息，帮助卖家第一时间了解规则动态。

如何处理中、差评

淘宝评价亦称之为"信用评价"。淘宝规定，买家给卖家的好评能增加卖家信用 1 分，中评不产生卖家信用，差评扣卖家信用 1 分。淘宝网会对会员的评价积分进行长期累积，并且在淘宝网页上展示其评价积分和相应的信用等级。淘宝网的信用积分对应的信用级别显示是从星级、钻级、皇冠级到金冠级别，信用积分在 4 分以下无星级，达到 4 分则为一星，达到 11 分上升为两星，按图片上所示的分数标准以此类推。买家的信用级别评定标准与卖家相同，差别只是使用不同的图标来区分，如图 2—3 所示。

所积分数	等级图标	信誉等级	所积分数	等级图标
4分-10分		一星	4分-10分	
11分-40分		二星	11分-40分	
41分-90分		三星	41分-90分	
91分-150分		四星	91分-150分	
151分-250分		五星	151分-250分	
251分-500分		一钻	251分-500分	
500分-1000分		二钻	501分-1000分	
1001分-2000分		三钻	1001分-2000分	
2001分-5000分		四钻	2001分-5000分	
5001分-10000分		五钻	5001分-10000分	
10001分-20000分		一皇冠	10001分-20000分	
20001分-50000分		二皇冠	20001分-50000分	
50001分-100000分		三皇冠	50001分-100000分	
100001分-200000分		四皇冠	100001分-200000分	
200001分-500000分		五皇冠	200001分-500000分	
500001分-1000000分		一金冠	500001分-1000000分	
1000001分-2000000分		二金冠	1000001分-2000000分	
2000001分-5000000分		三金冠	2000001分-5000000分	
5000001分-10000000分		四金冠	5000001分-10000000分	
10000001分以上		五金冠	10000001分以上	

图 2-3　卖家与买家信用级别评定标准

所谓中、差评，是指买家在评价的时候给卖家的中评或者差评。从信誉等级角度来说，中、差评对卖家的信用等级会有很大影响；从网购的大环境来说，大部分买家都会专门留意卖家店铺的中、差评，特别是货比三家的时候，会对有中、差评的卖家的商品质量产生怀疑，甚至取消购买意向，从而降低卖家店铺的购买转化率，所以但凡卖家均不希望网店中出现中、差评。作为一名合格的客服人员，应该第一时间找到给网店中、差评的买家进行沟通，了解其给予中、差评的原因，是因为质量问题还是卖家的服务态度问题，还是物流发货速度问题，并可以采取协商的方式处理好问题，使买卖双方达成一致，并说服买家修改评价；然后指导买家登录淘宝网，在最顶上一行"我的淘宝"—"评价管理"—"给他人的评价"页面，找到需要修改的评价，点击"修改评价"超链接，然后进入修改页面，把评价改为好评。

二、掌握物流及付款知识

（一）指导买家付款

作为一名合格的客服人员，必须有能力指导买家如何在购买商品时进行付款，产生订单。目前，网上交易一般是通过第三方支付平台（如淘宝网使用的支付宝等）和网上银行付款方式进行交易。

从网购安全的角度出发，客服应该尽量建议用网上银行支付方式或者用支付宝等安全方式来完成交易。遇到买家因为各种原因拒绝使用网上交易，客户要首先判断买家是不会使用网上付款还是有其他顾虑。如果是前者，可以指导买家开通网上银行完成付款；如果是后者，应该想办法尽可能打消客户的顾虑，促成交易。

（二）指导买家查询物流

买家网购付款后，卖家就要联系物流公司给买家发货了，目前比较流行的物流方式主要有平邮、快递两种。其中使用快递的方式居多，目前比较有名的快递公司有顺丰快递、圆通快递、申通快递、韵达快递等。

卖家发货后，需要在商品订单里单击"发货"按钮，此时买家会收到一条卖家已发货的系统提示，买家可以根据此提示去查询物流信息。以淘宝网为例，具体步骤如下：

（1）买家登录淘宝网，找到最顶上一行，选择"我的淘宝"—"已买到的宝贝"选项，进入如图2-4所示的界面。

图 2-4　买家查看"已买到的宝贝"界面

（2）单击订单右侧的"查看物流"链接，进入"物流详情"界面，如图2-5所示。

2020-05-30	周六	21:35:39	商品已经下单
2020-05-31	周日	09:30:46	包裹正在等待揽收
2020-06-01	周一	00:04:47	广东省汕头市龙湖区公司 已收件
		00:58:07	广东省汕头市龙湖区公司 已打包
		02:35:51	广东省汕头市龙湖区公司 已发出,下一站 揭阳转运中心
		03:39:53	揭阳转运中心公司 已收入
		04:08:57	揭阳转运中心公司 已发出,下一站 北京转运中心
2020-06-02	周二	14:13:23	北京转运中心公司 已收入
		14:41:17	北京转运中心公司 已发出,下一站 北*燕郊开发区
		23:47:57	北*燕郊开发区公司 已收入
2020-06-03	周三	07:04:14	北*燕郊开发区 已收入

图 2-5　卖家查看"物流详情"界面

三、掌握网络安全交易知识

作为一名网店客服人员，必须具备一定的网络安全交易知识。这种知识不仅是一种重要的职业技能，也可以防止网店资产流失。网络安全交易知识主要包括以下内容。

（一）交易安全

交易安全具体分为两部分，即账户安全和支付安全。在网店日常经营管理过程中，账户安全尤为重要，因为账户一旦被盗，不仅会严重影响店铺的正常经营，账户里的资金也随时可能被盗用，所以账户安全是首先要重点关注的一个方面。

1. 账户安全

设置安全性较强的密码是账户安全的有效保障，但是密码并不是越复杂越好，密码设置的原则：一是安全；二是好记，安全性再高的密码，如果连自己都经常记不住，就是自找麻烦了。另外，最好能定期更改密码，并且做好书面记录，以免因遗忘密码无法登录，给工作带来不便。如果实在是忘记密码了，可以到登录界面，找回密码；一般是通过手机接收验证码的方式来找回，或者是通过设邮箱接收更改密码链接来设置新密码。

淘宝网找回登录密码有四个步骤：输入账户名→验证身份→重置密码→完成。

（1）如果忘记淘宝网的登录密码，可以单击"忘记密码"超链接激活找回密码功能，如图 2-6 所示。

图 2-6　忘记登录密码的找回方式

（2）进入找回密码页面后，输入登录名（会员名/邮箱/手机号），滑动滑块进行安全校验，单击"确定"按钮，如图 2-7 所示。

（3）进入"重置登录密码"界面，选择身份验证方式，可以通过银行卡验证、"验证短信+验证银行卡信息"及人工服务三种方式进行密码的找回，如图 2-8 所示。

图 2-7　输入账户名

图 2-8　选择找回密码的验证方式

（4）选择以上三种方式中任意一种适合自己的密码找回方式后，按提示进行新密码的设置，输入新密码以后单击"确定"按钮，如图2-9所示。

图2-9　重新设置密码

（5）做完以上步骤，完成密码设置。

2. 支付安全

支付宝是目前网上最大的支付平台，随着电子商务的快速发展，支付宝已经成为一种通用的网络支付工具，绝大部分网购均可以使用支付宝进行支付，因此支付安全尤为重要。出于对支付安全的考虑，支付宝给每个账户均设置了多重保护。

（1）支付宝把密码分为登录密码和支付密码两种。为了保证支付安全，登录密码只能查看账户资金明细，只有拥有支付密码才能操作账户的资金往来。

（2）安装支付宝数字证书，使账户资金操作多了一重保护，没有安装支付宝数字证书的电脑，即使知道登录密码和支付密码也无法进行付款、转账或退款操作。

（3）设置手机动态口令，获得更高的安全级别。其作用是，每当用户输入支付密码时，系统会向已与账户绑定的手机发送一个动态口令（短信验证码），只有输入正确的动态口令和支付密码，付款、转账或退款行为才能生效。

（4）支付宝信使服务。账户发生的每一笔交易，支付宝系统都会通过短信将账户资金变化的通知发送给预先绑定的手机。

（5）安装硬证书（支付盾），将电子认证服务机构为用户提供的数字证书保存在US-BKey中，合称为"硬证书"。支付盾是支付宝公司推出的安全解决方案。支付盾酷似一面盾牌，时刻保护着用户在支付宝上操作的资金和账户安全。

（二）防范欺诈

网上骗术层出不穷，识别骗子重在预防。掌握一定的防骗知识，可以有效减少安全隐患。首先，要妥善保管好自己的账户密码、支付密码和手机验证码。不要在任何时候以任何方式向他人透露自己的密码和手机验证码，支付宝绝对不会以任何名义、任何方式向用户索取密码和手机验证码，支付宝任何时候都不会使用手机联系用户，一律使用公司固定电话，对外电话显示区号为0571。

其次，仅在安全链接输入密码。要认真核实淘宝网和支付宝的网址，经常有人以中奖、购物的名义使用阿里旺旺或者站内信发送钓鱼网站的网址。这些网址都有一个明显的特点，即与淘宝网的网址有非常高的相似度。因此，每次登录尽量直接输入正确的网址，不要通过点单来历不明的超级链接去访问网站。

常见骗术介绍

通过对本节内容的学习，大家对网络交易安全和网络防骗有了一定的认识，更多的防骗知识可以到淘宝社区的"诚信防骗居"里去学习。

"诚信防骗居"既是大家交流防骗经验的场所，也是骗子最喜欢光顾的"学习课堂"，用于进行"业务能力提升"。因此，我们也需要不断地学习，才能够更好地保护自己的利益，放心地进行电子商务和网络营销。下面是常见的几种骗术介绍：

（1）通过注册极其相似的账号来欺骗卖家。例如，使用"快乐小灰兔"的ID购买商品并用支付宝付款，然后再用相似度极高的"快乐小灰兔"这个ID来通知卖家已经付款，但是向卖家提出修改收货地址的要求，卖家以为是同一个ID，就按新地址发了货。几天以后，购买商品并付款的买家用"快乐小灰兔"这个ID来反馈说还没有收到货，投诉卖家收款后不发货，并进行申请退款操作，此时，卖家才发现要求更改收货地址的ID和购买的ID并不相同。

（2）只拍货，不付款，然后威胁新手卖家。这个骗术的主要目标是做充值行业的新手卖家，骗子利用新手卖家对淘宝网交易流程不熟悉进行诈骗。骗子首先在新手卖家店铺一次或多次拍下上百元，或者上千元的Q币或者手机充值卡，但不付款，然后一次次发消息或者打电话催卖家发货，卖家不发货并以投诉、差评等手段威胁新手卖家，同时用另外一个假冒的淘宝客服ID来催促卖家发货。

（3）以大宗购物或者较高的交易金额来诱惑卖家，接着谎称需要找一个信得过的中介做担保，卖家同意后，就发送假冒的EMS担保交易网址，诱使卖家去该钓鱼网站签订担保订单的中介协议，骗子根据协议里面得到的身份证号码等个人信息，破解卖家的支付宝账户或者银行卡密码，盗取里面的现金。警示：淘宝网的交易是不可能去其他网站下订单的，遇到这样的情况一定要谨慎，下这样的订单就等于告诉了骗子卖家的账号、密码。

（4）利用网银的安全措施来欺骗卖家。骗子与卖家谈好交易以后，谎称自己没有支付宝，要求从银行直接汇款给卖家，并在得到卖家的银行账号后马上去银行网站登录该账号，并故意乱输密码，直到当日错误密码达到最高次限，已无法查询账户时，再通知卖家自己已汇款，同时不停催促卖家当天发货。骗子甚至会采用激将法，来达到促使卖家当天发货的目的。

（5）骗子冒充买家，谎称要将他看中的商品图片发给卖家，其实发送的是带病毒或木马的文件，以此盗取卖家电脑里的个人信息。因此，不要随便接收陌生人发来的不明文件，避免电脑被木马、病毒侵袭，如果遇到这样的情况，就叫对方使用阿里旺旺的截图功能来说明商品款式。现在阿里旺旺的安全识别能力大大提高，发现可疑文件一般会提醒卖家"该文件存在高危风险，建议立刻删除"。

第二节　电子商务客服工作流程

课堂讨论

小张新开了一家淘宝店铺，他的商品发布流程是什么？在"一口价"和"拍卖"中间选择一种出售方式来发布商品有什么不同？

一、电子商务客服工作程序

电子商务客服工作的主要宗旨是以客户为中心，提供更多更贴心的服务。其目标是让客户快乐购物，让每个人享受快乐购买的乐趣。让客户满意，主要取决于客户关键接触点，而每一个接触点所提供的产品或服务则是一个或多个流程，如图2-10所示。客服操作流

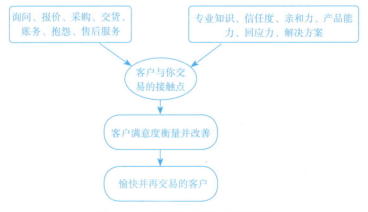

图2-10　客服面对顾客的活动流程

程就是为了提高工作效率、增加转化率的一系列作业活动的串联。

（一）遵守操作流程的作用

网络客服平时的工作很琐碎，常常让大家感觉没有什么技术含量，但任何一项工作都有投入及产出。如图 2-11 所示，从标准化与持续改善的角度来看客服工作，就是从关键因素、客户满意因素、重大显著问题等方面来选择关键操作流程，规范的、标准化的工作流程可以大大增加工作附加值。

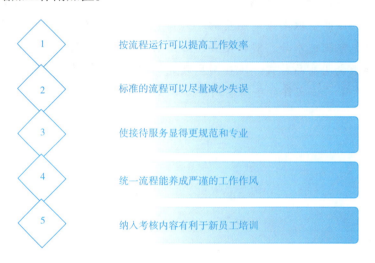

图 2-11　遵守操作流程的作用

（二）基本工作流程

客服部门的岗位可以分为售前、售中和售后。售前做好准备工作，售中负责在线接待和接单，售后则负责关系维护和纠纷处理。基本工作流程见表 2-1。

表 2-1　电子商务客服基本工作流程

序号	工作流程	具体内容
1	售前准备	①每天开始工作前，处理好各项准备工作的流程；②商品介绍流程；③阿里旺旺回复流程
2	售中服务	①顾客分类流程；②信息收集流程；③打消顾客疑虑的流程；④讨价还价流程；⑤形成标准订单流程；⑥发货流程
3	售后服务	①处理中、差评的流程；②延伸客户服务的流程；③退换货操作流程

二、日常基本工作

（一）日常工作基本流程

电子商务客服日常工作基本流程见表 2-2。

表 2-2 电子商务客服日常工作基本流程

序号	工作流程	具体内容
1	准备工作	个性签名、聊天设置、客服设置、常规应用软件的使用维护
2	温故知新	更新在线商品、回复留言、给客户发送成交信、查看昨日未转化及未付款人员并进行有效催付
3	前期处理工作	掌握店铺推广区各项产品的最新活动并具体施行、客户重复拍下商品的处理、缺货的在线商品处理、信用评价
4	售前客服接待流程	问候、询问、价格、连带、核对信息、促成交易、标准订单处理、礼貌欢送

知识链接 2-3

电子商务客户服务工作内容

一、售中客服的每日工作流程

售中客服的每日工作流程包括：①进入后台，查看前一日的所有订单，是否有异常的订单（含申请退款的订单）；②查看工作台的留言，客户留言的问题要及时解决，不管对方是否在线，一定要及时回复，以便客户上线后可以看到；③售后问题做好简单记录，并发给售后服务做好存档记录，以便后期查询；④客户拍下商品之后，12小时之内没有付款的，应该及时和客户联系，适当地催单。

二、快速回复

面对客户的询问，要尽快回复，快速回复一定是满意服务的第一步。客服可以在桌面上放一个小音箱，音量调大，这样即便偶尔离开计算机，也能在第一时间听到阿里旺旺的提示音，从而在第一时间做出反应。

三、语言得体

语言得体就是让客户看到你的回复后感到舒服、舒心。在与客户的沟通中一定要用"您"，而且一定不能用"亲"作为开头语。客户看到一个"您"字，一种发自心底的舒服和被尊重感就会油然而生，当一个人感觉到被别人尊重的时候，他也一定会有意识去尊重对方。和客户交谈的第一步不允许用"亲"这个淘宝用语，因为相对比较保守和传统的人未必都能接受这个称呼。当然，客服人员可以在交谈中自然从"您"过渡到"亲"，有意识地拉近距离。

四、态度积极

每个人的一举一动都是情感的产物，客服人员的消极态度客户能够感受到，客服人员的积极态度客户同样能够感受到。而每个人都是乐于和积极乐观的人交往的。对每一个客户都是笑脸相迎，笑语解答会感染客户。所以，当客服人员在回复客户询问的时候，如果他是积极的态度，面带微笑地回复，客户是可以感受到的。

五、回答专业

只有专业的人才能做好销售工作，如果客户询问一个问题，客服人员说不知道，又询问一个问题，客服人员说不清楚，那么客服人员肯定是留不住客户的。不同客户对商品的适应性不同，作为客户，他可能除了自己手中的商品之外，并不熟知其他类似商品，但作为售中客服，则必须熟知这些知识，才能给客户以专业的意见和建议。

六、善于引导

每一个客户进入某家店铺，往往只是因为他看到了该店铺的某一款商品，客户有了购买意向，这时客服人员一定要了解客户的潜在需求，对客户加以引导，从而提高单客购买金额，提高成交率。也就是要做好关联销售推荐。

（二）标准订单处理流程

处理一个订单从流程上来分也包括售中和售后，当买家看中某一个商品并通过跟客服人员沟通，最终确定购买，拍下商品并付款以后，一个标准的订单就产生了。在买家看来，付款以后，只需要等待卖家发货，然后确认收货和给予评价就可以了。但是对于卖家来说，订单产生后会涉及很多环节和工作人员，如图2-12所示。

图2-12 处理一个订单所需要的岗位人员

如图2-13所示，一个标准订单的处理，从订单生成开始，销售客服就要对买家要求进行备注，如优先发货、送小礼品、选什么颜色等。订单提交给系统以后，审单员需要对订单进行审核,看地址是否详尽、商品编号是否齐全、有无缺货等。财务核实付款后,制单员即开始打印订单并登记快递单号,登记以后交给配货员拣货,检验员逐个核对订单,看有没有错发、漏发等,再由打包员打包,称重员称重并录入系统,然后录入淘宝的后台,这个订单就处理完了。

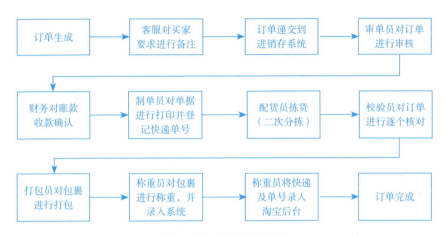

图 2-13 标准订单处理

如图 2-14 所示,非生产型企业通常还有采购订单处理流程,采购通常由产品部负责,不是销售客服的职能范围,因此我们只做简单了解即可。

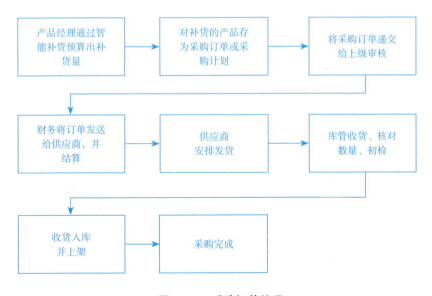

图 2-14 采购订单处理

如果出现退换货,也要按照如图 2-15 所示的标准流程来操作。

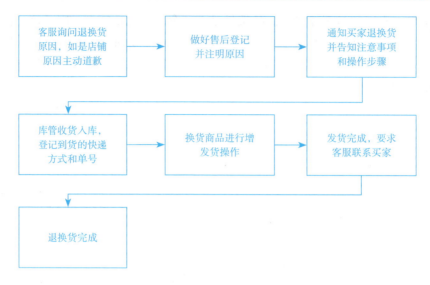

图 2-15 退（换）货订单处理

第三节 电子商务客服销售流程

课堂讨论

小王要开始服务技能培训了，他被要求尽快熟悉整个客服销售流程。那么，客服销售流程都包含哪些环节呢？

一、交易流程

（一）购物流程

作为电子商务客服人员，熟知网络购物流程主要是在顾客遇到操作上的问题时及时给予操作指导，使其顺利完成购物的操作流程，将订单转化为有效订单。

如图 2-16 所示，不管是什么网购交易平台，一笔正常的订单交易流程通常由以下五大部分组成：①买家通过商品浏览和对比拍下订单；②订单支付（交易平台代管货款）；③卖家通过物流发货；④买家确认收货（交易平台打款给卖家）；⑤买卖双方进行交易评价。

（1）以淘宝网购物流程为例，实际交易步骤为登录淘宝网，在商品搜索页面输入"童装"，进行浏览和对比，如图 2-17 所示。

第二章 电子商务客户服务工作流程

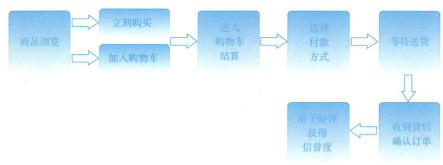

图 2-16 网络交易流程

图 2-17 购物流程一（买家搜索和挑选商品）

（2）找到喜欢的商品并决定购买以后，如找到图 2-18 所示商品，单击商品详情页面底部的"立刻购买"按钮进行购买。若购买多件不同商品，可以单击"加入购物车"按钮，采用购物车来购物并进行一次性付款。购买多件商品只要不超重，就可以联系卖家修改价格，只收取一件商品的邮费。

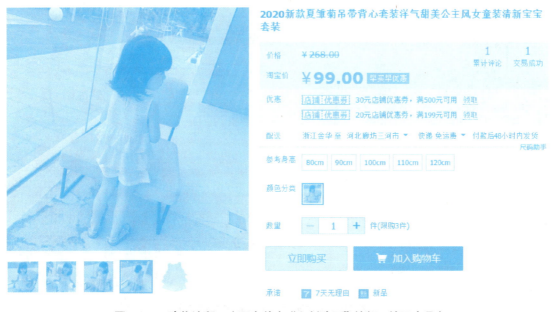

图 2-18 购物流程二（买家单击"立刻购买"按钮，拍下商品）

（3）进入订单提交页面以后，首先要填写或者选择正确的收货地址，然后将商品的颜色、尺码、发货时间、特殊要求等需要特别提醒卖家的内容，填写在"给卖家留言"框里，最后单击页面底部的"提交订单"按钮，如图 2-19 所示。

53

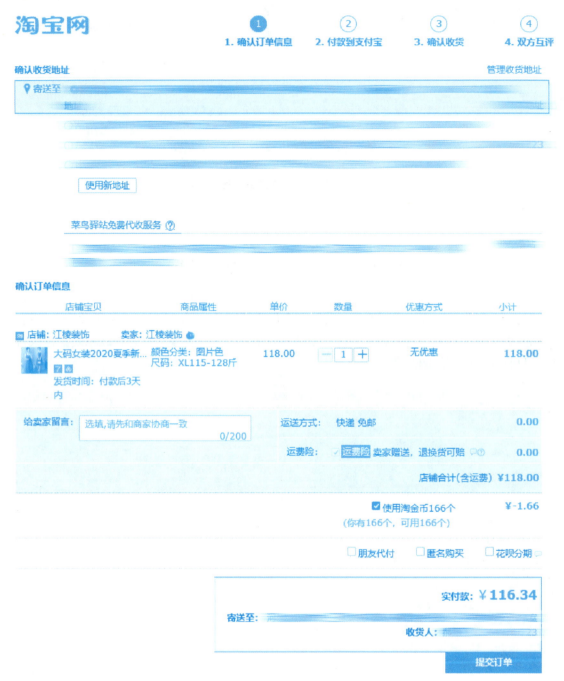

图 2-19　购物流程三（买家提交订单）

（4）进入支付页面以后，选择相应的网上银行或者支付方式，输入支付密码，再单击"确认付款"按钮，如图 2-20 所示。

图 2-20 购物流程四（选择付款银行并付款到支付宝）

（5）卖家收到买家已付款的提示以后，通常会在 72 小时内发货，收到包裹后，最好当场开箱检查，确认货物没有损坏或异常后再签收。一般拿到货物使用 1~2 天就可以登录淘宝网，在最顶上一行，选择"我的淘宝"—"已买到宝贝"选项，进入"已买到宝贝"页面，找到此商品，单击"确认收货"按钮，如图 2-21 所示。

图 2-21 购物流程五（买家在卖家发货后确认收货）

（6）在"我已收到货，同意支付宝付款"页面输入支付宝账户的支付密码，将支付宝代管的货款支付给卖家，如图 2-22 所示。

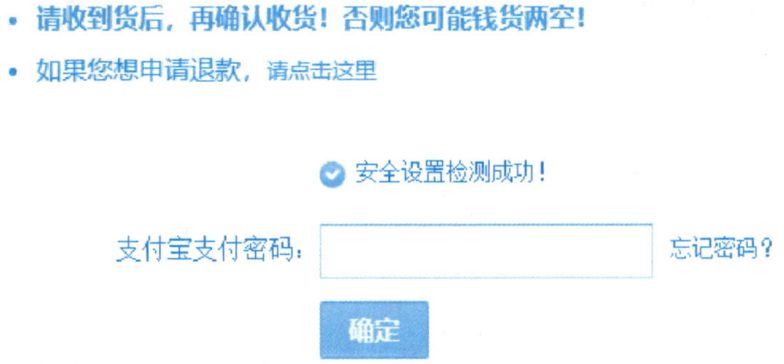

图 2-22 购物流程六（买家确认收货并付款给卖家）

（7）此时，买卖双方交易成功，银货两讫，买家可以单击"给对方评价"按钮，对卖家的商品和服务进行中肯的评价，在评价页里写几句话来表达自己对卖家商品和服务的感受，并在下面的店铺动态评分栏里选择星级，从商品的相符程度、卖家的服务态度和物流发货速度三个方面来评分，满分为 5 分，选好以后，单击"确认提交"按钮，就完成了对这笔交易的评价，如图 2-23 所示。

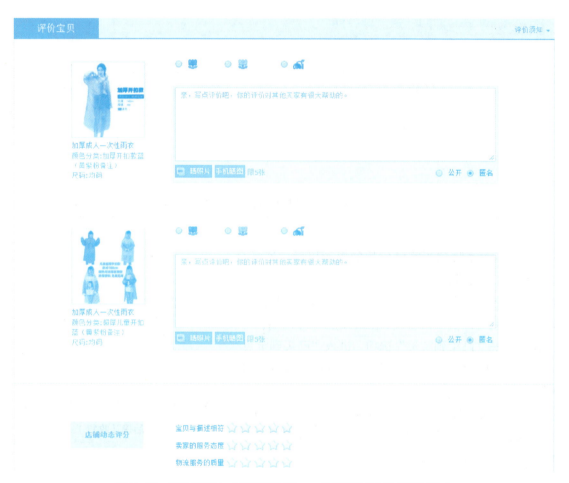

图 2-23　购物流程七（给卖家评价——写评语以及给店铺打分）

知识链接 2-4

淘宝网付款方式介绍

买家在淘宝网购物的时候，若要对拍下的商品进行付款，一般有以下几种常见的付款方式,任意一种付款方式都只是完成网上付款的操作,将钱款支付到淘宝的支付宝账号里。

第一种是最简单快捷的,叫作"支付宝账户余额支付"。当买家的支付宝账户余额足够支付所拍商品的订单金额时,可以直接使用支付宝余额支付,然后输入买家支付宝账户的支付密码,单击"确认付款"按钮即可完成。当支付宝账户余额不足以支付所拍商品的订单金额时,可以先将已有的支付宝余额勾选使用,剩余金额用下面将要介绍的其他支付方式支付,或者不勾选支付宝余额付款,订单的全部金额直接使用其他方式支付。

第二种是最常见的支付方式,叫作"网上银行支付"。这种支付方式要求买家先到某一银行开通网银(储蓄卡或者支付宝卡通),然后在付款页面中选择全部或者部分订单余额用对应银行的网银进行支付,即选择"银行卡对应的银行名称",单击"下一步"按钮后,如果选择有误,可单击下方的"选择其他方式付款"按钮重新选择,确认选择无误后,单击"登录到网上银行付款"按钮,即可进入网上银行支付页面。

第三种是信用卡支付。只要选择支持信用卡付款的商品,即说明卖家有加入"信用卡支付"业务,买家在进行交易付款时就可以选择使用信用卡付款。找到支持信用卡支付的商品,确认购买后,进入付款页面,单击"信用卡"选项,选择银行进行支付即可。

第四种也是比较安全快捷的方式,叫作"快捷支付"。快捷支付的特点是无须开通网银,有安全、快捷、保障三大优势。只需要关联买家的信用卡或者借记卡,每次付款时只需输入买家支付宝的支付密码即可完成付款。

第五种方式用得最少,就是找人代付。一般都是买家无法用以上四种方式付款,或者钱不够的时候,采取这种方式来付款。淘宝网上交易找人代付的方法如下:第一步,选择需要的商品,单击"立刻购买"按钮;第二步,确认收货信息和地址后,在找人代付的方框前打上钩,然后单击"确认无误,购买"按钮;第三步,选择指定的人帮忙代付,后续等待朋友帮忙付款即可。

(二)买家退换货流程

正常的交易均能按一般交易流程来完成,只有出现以下三种情况之一,才会进入退换货流程:①买家未收到货,要求退款;②买家已收到货,由于卖家承诺七天无理由退换货,买家试用后不满意,要求退换货;③买家已收到货,但由于卖家商品质量有问题、瑕疵等,买家要求退换货。

退换货交易只要在买家付款以后,就可以由买家单方面提出退换货申请,卖家有3天的时间来处理退换协议。在查看退款说明和理由以后,只需符合上述三种退换货情况之一，在双方通过协商达成一致以后，卖家可以选择同意买家的退换货申请协议，进入退换货流程。

值得注意的是，从2014年3月起，新《中华人民共和国消费者权益保护法》第二十五条规定："经营者采用网络、电视、电话、邮购等方式销售商品，消费者有权自收到商品之日起七日内退货，且无须说明理由，但下列商品除外：（一）消费者定作的；（二）鲜活易腐的；（三）在线下载或者消费者拆封的音像制品、计算机软件等数字化商品；（四）交付的报纸、期刊。"

"除前款所列商品外，其他根据商品性质并经消费者在购买时确认不宜退货的商品，不适用无理由退货。"新《中华人民共和国消费者权益保护法》明确了不宜退货的情形、退货的商品应当完好以及退货费用的承担，除了法律明确列明的商品之外，商品性质不宜退货的，还要求必须经消费者购买时确认，解决了可能发生的事后争议。

消费者退货的商品应当完好。经营者应当自收到退回商品之日起7日内返还消费者支付的商品价款。退回商品的运费由消费者承担；经营者和消费者另有约定的，按照约定进行退货。

1. 退款流程

一般来说，退款流程包括买家申请退款→商家处理退款申请→退款完成，如图2-24所示。

图2-24 退款流程示意图

退款交易只要双方经过协商达成一致后，买家就可以在交易生成的24小时后提出退款申请。卖家有5天的时间来处理退款协议，在看清退款说明和理由后，选择同意买家的退款申请协议并输入支付密码，退款即告完成，该交易关闭，相关款项也同时退还到买家的支付宝账户里。

2. 淘宝退换货流程

以淘宝为例，退换货的具体流程分为以下三种。

（1）买家未收到货的退款申请操作流程。

买家未收到货后选择退款的原因主要有：卖家虚假发货、快递问题、空包裹/少货、未按约定时间发货、卖家发错货、买家多拍/错拍/不想要等。这种情况一般要求卖家全额退款，赔偿损失。具体操作流程如下：

第一步：选择"我的淘宝"—"已买到宝贝"选项，进入"已买到宝贝"页面，如图2-25所示。

第二步：在"已买到宝贝"页面找到需要申请退款的订单，单击"退款/退换货"超链接，如图 2-26 所示。

图 2-25 进入"已买到宝贝"页面

图 2-26 未收到货时申请退款/退换货

第三步：在弹出的页面中选择"选择服务类型"选项下的"我要退款"，在弹出的页面中选择"货物状态"，然后选择"退款原因"（如未按约定时间发货），接着填写"退款说明"，有必要的话，还可以"上传图片"（如卖家发错货的凭证），最后单击"提交"按钮进行退款，如图 2-27 所示。

第四步：提交退款申请以后，卖家有 3 天的时间来处理此次退款申请，若双方达成一致，卖家同意退款，则全额退款到买家的支付宝，完成退款流程。

（2）买家已收到货，不用退货但需要退款的退款申请操作流程。

买家在退款/退货申请时选择不退货但需要退款的原因主要是对产品不满意，又觉得退货麻烦，想将就着用，同时希望卖家能给予部分退款来弥补买家的损失。常见的退款原因有：大小尺寸与买家当时所选不符、材质/面料与介绍不符、工艺/手艺问题、颜色/款式/图案与描述不符、发货问题、服务/态度问题、不喜欢穿着效果不好、拍错/多拍、认为是假货等。具体操作流程如下：

第一步：选择"我的淘宝"—"已买到宝贝"选项，进入"已买到宝贝"页面，在"已买到宝贝"页面找到需要申请退款的订单，单击"退款/退货"超链接，如图 2-28 所示。

退款商品： 江城苹果x数据线液态硅胶iPhone手机充电线6s器7P加长11快充2米ipad七8Plus冲cd7六iphonex
颜色分类:新款三条装1.8米【绿灰粉】升级三重加固耐用提升300%

服务类型： * ● 仅退款
　　　　　　○ 退货退款

货物状态： * ● 未收到货
　　　　　　○ 已收到货

退款原因： * [请选择 ▼]

退款金额： * [¥29.00]
　　　　　　最多¥29.00，含发货邮费¥0.00

退款说明： [退款说明　　　　　　　　　　　　　200]

上传图片：
　　　　　　上传凭证
　　　　　　(最多3张)

[提交]

图2-27　填写"退款说明"

图2-28　买家已收到货后申请退款/退货

第二步：在弹出的页面中选择"选择服务类型"选项下的"我要退款"，在弹出的页面中选择"货物状态"，然后选择"退款原因"，接着填写"退款金额"（一般不是全额退款）以及"退款说明"，有必要的话还可以"上传图片"（如大小尺寸不符的照片），最后单击"提交"按钮进行退款，如图 2-29 所示。

图 2-29　卖家已发货后买家申请退款不退货

第三步：提交退款申请以后，卖家有 3 天的时间来处理此次退款申请，若双方达成一致，卖家同意退款，则按商定好的退款金额退回到买家的支付宝，完成退款流程。

（3）买家已收到货，需要退货和退款的退款申请操作流程。

提交退货申请的流程跟退款不退货流程相似，不同的地方是卖家同意退货以后，买家需要在订单里选择"买家退货给卖家"，然后在退货界面输入退货地址信息，选择物流公司名称以及填写物流运单号，然后填写退货说明以及退货凭证等，如图 2-30 所示。

图 2-30 "退货"页面

退货操作完成后，退款/退货状态会变更为"买家已退货，等待卖家确认收货"，等待卖家确认收到退货以后单击订单里的"同意退款"按钮，即完成退款/退货过程。

3. 特殊情况的退换货处理

任何网店都不可能做到百分之百令买家满意，因此都存在退换货的情况。能否妥善处理退换货订单，会直接影响到网店在买家心中的信用度以及网店排名，从而影响客流量。下面为大家介绍网店经营过程中几种常见的退换货情况以及正确的处理办法。

（1）退换货原因：买家未收到货，要求全额退款。

①买家退款理由：一致协商退款。这种情况一般是买家拍下后不想买了。

处理办法：如卖家未发货，则直接退款；如卖家已发货，则通知快递公司退回商品，并退款（扣除运费）。

②买家退款理由：未按约定时间发货。

处理办法：如卖家未能在 48 小时内发货，则由客服人员给买家打电话道歉，可适当赠送买家小面值的赠品，并说服买家把退款理由修改为"一致协商退款"；如卖家在 48 小时内发货，则由客服人员打电话给买家说明晚发货原因，并请买家把退款理由修改为"一致协商退款"。

③买家退款理由：虚假发货。

处理办法：如卖家没发货却按了发货按钮，则由客服人员联系买家进行解释，并请求买家把退款理由修改为"一致协商退款"；如卖家已真实发货，则给买家提供快递运单号，供买家查询，再考虑是否退款；如卖家填错单号，则由客服人员给买家提供快递单据照片，并向买家道歉，请求买家把退款理由修改为"一致协商退款"。

（2）退换货原因：已收到货，要求退款不退货。

①买家退款理由：商品质量问题。

处理办法：如真的是商品质量问题，请买家从多个角度拍摄商品质量问题部分的局部细节照片三张，发给客服人员交由公司品质管理部门核实，限定 3 个小时内给买家明确答复。如查实是产品质量或者瑕疵问题，视情况给予买家该商品价格 20%~50% 的现金返还作为补偿。与买家沟通好以后，为表示网店的诚意，由卖家先支付货款，然后诚恳地请求买家给卖家网店 5 分好评。如不能解决，则请买家把退款理由修改成"已收到货，需退货"，由卖家承担该商品退货运费，给予买家退货或更换新品，同时给予若干补偿。如果是物流运输中的破损问题，则由卖家承担商品的来回运费，给予买家退货或者更换新品，同时给予若干补偿费，再由物流发货部门和物流公司对问题包裹进行处理。如果是因为色差或者买家的主观意识，客服人员首先要与买家进行沟通和解释，并给予买家若干现金返还作为补偿。为表示网店诚意，可由卖家先支付现金，然后诚恳地请求买家给卖家网店 5 分好评。

②买家退款理由：收到的商品不符。

处理办法：如果是卖家发错货，向买家道歉，请买家把退货原因修改成"已收到货，需退货"，按操作步骤给予退款；如果是漏发货，向买家道歉，并给予漏发部分的退款。

（3）退换货原因：已收到货，要求退换货。

①买家退款理由：商品质量问题。

处理办法：与"已收到货，要求退款不退货"两种情况相同，处理方法一致，如不属于以上两种情况，则由买家承担退货运费，卖家收到包裹时，由物流发货部门进行产品检验，如不影响二次销售，则可以签收，并通知客服人员给买家退款。如产品影响二次销售或者产品不符，则进行拍照存证，并拒签，联系快递公司将包裹退回给买家，然后通知客服部门上传照片证明，进入问题件处理流程。

②买家退款理由：收到的商品不符。

处理办法：与"已收到货，要求退款不退货"两种情况相同，处理方法一致。

③买家退款理由：七天无理由退换货。

处理办法：由买家承担运费，给予退换货，收到包裹后检查通过后，给予退款并发新品给买家。

④买家退款理由：收到假货。

处理办法：请买家提供第三方检验报告，卖家提供授权证明以及进货发票等证据给淘宝。核实不是假货后，与买家沟通交流，并请求买家确认收货并给卖家网店5分好评。

二、在线接待流程

一个成熟的店铺及其客服人员都会对接待流程有着自己的见解和临场发挥，小张将自己店铺的在线接待过程总结为问好→提问→推荐→谈判→帮助→核实→告别。每一个步骤都是什么含义？都有哪些工作内容？如何制定出适合自己的在线接待流程？

网上购物的特殊性使在线接待非常重要，无论标题、关键词做得多到位，图片多么美轮美奂，但最后多数买家还是会通过旺旺联系客服人员后（见图2-31）才会最终下单购买。如何从买家进入阿里旺旺与客服人员说第一句话开始就吸引住他，需要依靠客服人员本身的职业素养和沟通技巧。

图2-31 通过旺旺联系客服

第二章 电子商务客户服务工作流程

（一）在线接待流程基本内容

要达到优秀的在线接待转化率，规范的接待流程非常重要，标准化的程序永远是帮助团队理清脉络、提升业绩的良方。每个客服团队都会有各自不同的接待流程，大家可以根据自己经营的产品和以往运营的经验制定出适合自己的接待流程。在日常工作中，在线接待一般包含以下内容：

开场白：欢迎语。

话天地：跟进客户的问题，与客户开始沟通。

挖需求：了解客户的需求点，根据客户需求推荐产品并做关联销售。

试缔结：解决客户的异议。

促成交：通过当天发货等由头促使客户成交。

结束语：客户购买后，结束之时的致谢语不可少。

（二）在线接待流程具体步骤

好的接待流程可以提高工作效率，也许按照客服的个人发挥也会有很多买家愿意接受，但是有一个共性的规则可以尽可能地提高工作效率。同时，以前实践的成功案例可以帮助客服减少重复的失误，规范的话术可以使客服的接待服务更加规范和专业。

一般把在线接待分为八步流程，即在线问好→接待咨询→推荐产品→处理异议→促成交易→确认订单→礼貌告别→下单发货，如图2-32所示。

第一步：在线问好，可以归纳为一个字"迎"。

第二步：接待咨询，要做好客服准备工作。

图2-32　在线接待的八步流程

第三步：推荐产品，要学会根据客户的需求方向去"说"。

第四步：处理异议，要掌握一个新技巧"应"。

第五步：促成交易，是一切在线销售工作的最终目的。

第六步：确认订单，要求客服利用好确认订单的流程。

第七步：礼貌告别，也蕴含着一个重要技巧"收"。

第八步：下单发货，可以作为一个工作流程的交接。

知识回顾

在进入电子商务客服工作岗位之前，首先需要做好电子商务客服的准备工作，熟悉淘宝网买家和卖家规则，并能正确解读，同时还必须要明确电子商务相关的物流和付款知识，确保网络交易的安全。

电子商务客户服务

在电子商务客服的工作过程中，要明确客服工作的流程，对日常工作的一系列步骤要有正确的把握，保证订单处理的顺利进行。在销售的过程中，要从整体上对整个购物流程有明确的认知，确保客户购物环节的畅通，提高店铺的销量及好评率。

1. 网上交易的金额通过银行转账给卖家安全吗？为什么？
2. 网上购物是如何保证买卖双方交易安全的？
3. 哪种情况可以退款不退货？
4. 淘宝的一些信息辅助网站有什么作用？
5. 在线接待流程有哪些？

淘宝店铺客服培训内容

一、日常工作流程介绍

（1）熟悉产品，了解产品相关信息。对于客服人员来说，熟悉自己店铺产品是最基本的工作，特别是对公司每一个上市新产品的特征、功能、注意事项等要做到了如指掌。

（2）查看商品数量。店铺页面上的库存跟实际库存是有出入的，所以客服人员需要核对商品的实际库存量，这样才不会出现缺货发不了订单的情况。

（3）接待客户。客服人员最好要热情、灵活，富于变化。一个优秀的客服人员应懂得如何接待好客户，同时还能引导客户进行附带消费。在接待客户这个环节，主要有两种途径可以实现：一种是利用阿里旺旺、QQ等即时通信工具和客户进行沟通；另外一种则是接听客户打进来的电话。对于电话沟通，要求客服人员更具灵活性（毕竟无法像在旺旺上一样，拥有足够的时间进行思考）。

（4）客户下单付款，与客户核对收件信息。客户付款之后，记得与你的客户核对一下收件信息，不仅可以减少不必要的麻烦，也可以让客户觉得客服是很用心地在做事情。

（5）修改备注。有时候客户订单信息或者是收件信息有变，客服人员就有义务将变动反馈出来，这样，制单的同事就知道这个订单信息有变动。一般情况下，默认用小红旗来备注，里面写上变动事由、修改人工号和修改时间，这样，变动情况可以一目了然。

（6）发货通知。货物发出去之后，用短信猫给客户发条信息，告诉客户包裹已经发出，也可以增加客户对店铺的好感度。对于拍下商品未付款的客户，如果是旺旺在线的客户，可以在下午的时候给客户发个信息说快到截单时间了，如果当时付款，当天就可以发货，这叫作"逼单"。有些客户可能下单后忘记付款了，然后慢慢就忘记这回事了，客服稍微提醒一下，让客户想起这回事，这样等于多拉了一个客户。对于那些没打算购买，只是一时冲动拍下的客户,可以手动关闭订单,方便其他同事工作(虽然淘宝系统到时候会自动关闭)。重复拍下的订单类似此法,关键要与客户联系一下,问清楚购买意向。

(7)货到付款的订单处理。淘宝网开通货到付款功能,对于客户来说是一件好事情,但是很多客户并不清楚货到付款的含义,而直接选用货到付款,等收到货物的时候,一看价格比网站上贵一些,就会认为店铺在欺骗他,拒收订单。如果只是拒收订单,卖家只需要多支出一些快递费用,但是如果客户在心里认为卖家是在欺骗他,卖家失去的可能就是一群客户了。所以,对于客服人员来说,看到货到付款的订单,需要立即联系客户,告知货到付款的价格稍微贵一点。如果客户同意货到付款,那就可以通知制单的同事打单发货了,否则需要重新下单。

根据公司以往的经验,货到付款刚出来的时候,发现货到付款的拒收率很高,于是后来公司就让客服人员给客户打电话确认,虽然电话费是多支出了一些,但是实施情况证明:正常情况下非快递因素的拒收率为零。

(8)客户评价。交易完成之后,记得给客户写个评价,这是免费给店铺做广告的机会。

(9)中、差评处理。中、差评不是魔鬼,中、差评不可怕,可怕的是不去处理。当发现有中、差评的时候,要抓紧与客户沟通,看看是什么情况导致的,先了解情况,再来解决问题,晓之以理,动之以情,一般客户都会修改评价。对于一些利用恶意评价来获得不当利益的客户,客服人员要注意收集信息,以便为后面的投诉收集证据。

(10)相关软件的学习。例如,学习网店管家或者淘宝网店版这类店铺管理工具,借助辅助工具提高工作效率。

二、了解淘宝的交易规则

1.了解淘宝超时规定规则

(1)自买家拍下或卖家最后修改交易条件之时起3天内,买家未付款的,交易关闭。

(2)买家自付款之时起即可申请退款。自买家申请退款之时起两天内卖家仍未单击"发货"按钮的,淘宝通知支付宝退款给买家。

(3)自卖家在淘宝网确认发货之时起,买家未在以下时限内确认收货且未申请退款的,淘宝通知支付宝打款给卖家:自动发货商品1天内;虚拟商品3天内;快递、EMS及不需要物流的商品10天内;平邮商品30天内。

(4)买家申请退款后,依以下情况分别处理:

第一,卖家拒绝退款的,买家有权修改退款协议,要求淘宝介入或确认收货。买家在卖家拒绝退款后7天内未操作的,退款流程关闭,交易正常进行。

第二,卖家同意退款或在5天内未操作的,且不要求买家退货的,淘宝通知支付宝退款给买家。

第三,卖家同意退款或在5天内未操作的,且要求买家退货的,则按以下情形处理:买家未在7天内单击"退货"按钮的,退款流程关闭,交易正常进行;买家在7天内单击"退货"按钮,且卖家确认收货的,淘宝退款给买家;买家在7天内单击"退货"按钮,通过快递退货 10 天内、平邮退货 30 天内，卖家未确认收货的，淘宝通知支付宝退款给买家。

备注：淘宝规则很多，评价规则和超时规则是作为淘宝客服人员必知的两个规则，熟悉之后要了解其他淘宝规则，以丰富自己的淘宝知识。

2. 上机操作了解淘宝交易流程

买家拍下商品（交易状态：等待买家付款）

↓

支付宝公司收到买家的付款后（交易状态：买家已付款，等待卖家发货）

↓

卖家发货（交易状态：卖家已发货，等待买家确认）

↓

买家确认收货并同意支付（交易状态：交易成功）

3. 掌握店铺商品知识

继续背诵店铺产品知识（根据培训情况给新人制定需要背诵的产品知识）。

电子商务客户沟通技巧

【知识目标】

1. 了解客户沟通基本要求。
2. 了解客户谈话与倾听的技巧。
3. 掌握有效的沟通语言。
4. 掌握电话的沟通技巧。

【技能目标】

1. 能够树立正确的服务意识。
2. 能够熟练运用各种沟通和语言技巧实现与客户的顺利沟通。

【知识导图】

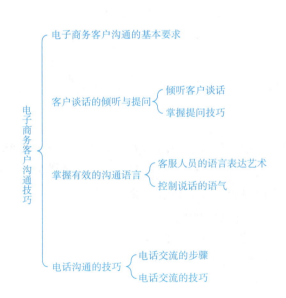

案例导入

关于面料的客户异议处理

（1）大衣用棉的做里料，看上去很廉价。

姐，您真细心，衣服的里料确实是体现衣服品质很重要的一个方面。我们的棉里料全部采用高品质的全棉，支数达到60S、80S，甚至120S，价格非常贵，很多品牌都拿来做面料。全做里料不会起静电，穿着很透气。如果您穿中袖，手伸进去会很舒服，但化纤就会很闷，会起静电。这样穿着舒服又有品质感，两全其美，不是更好？您说是吗？不信您试试看！

（2）这个麻的面料很容易皱。

小姐，您很专业。是的，麻确实相对容易皱，但您要买麻，就要接受它的皱，皱也是一种生活态度，体现了放松、不受约束的感觉，而且麻的吸湿透气性很好，穿起来非常舒服，还有抗菌保健的作用呢。

（3）羊毛衫很容易起球吧？

嗯，您很有经验，起球确实是羊毛衫的特性，有些号称不起球的羊毛衫是添加了一种称为抗起球纤维的化纤，或经过特殊处理，穿着肯定没有天然羊毛舒服。只要你背包什么的注意点，减少摩擦，就能在很大程度上防止起球。而且这个是超细羊毛的面料，上身很舒服，一点都不扎身哦。

思考：对以上的案例，你怎么看？电子商务客户服务需要掌握哪些沟通技巧？

第一节　电子商务客户沟通的基本要求

客户沟通是营销的重要组成部分。沟通是人与人之间、企业与客户之间不可或缺的、有效地互换信息的一个多元化过程。作为客服人员，沟通是应掌握的重要技能之一。

电子商务网络客服沟通要遵循以下基本要求：

（1）尊重客户，让客户有被重视的感觉。

（2）了解客户的需求，提供和传达客户需要的信息。

（3）信息应及时、准确，可提供多种选择。

（4）沟通必须是有效的。

（5）要换位思考。

换位思考，是设身处地为他人着想，即想人所想、理解至上的一种处理人际关系的思考方式。人与人之间要互相理解、信任，并且要学会换位思考，这是人与人之间交往的基础。互相宽容、理解，多站在别人的角度上思考。

客服人员只有站在客户的立场上与客户沟通，才能够真正了解客户的需要。为客户提供及时、准确的信息，才能排除噪声，让沟通变得更有效。只有客服发出的信息与客户收到的信息是一致的，沟通才是最有效的。

（6）不同的人应选择不同的沟通方式：言语的肯定、深入的交流。

当今社会竞争日益激烈，只有赢得了客户才能赢得市场；只有与客户有效沟通，才能成为一名优秀的客服人员。

第二节　客户谈话的倾听与提问

一、倾听客户谈话

交流并不只是相互讲和听，客服人员必须学会倾听。倾听是人际关系的基础，是获取更多信息、正确认识他人的重要途径。没有积极的倾听，就没有有效的沟通。

（一）倾听的作用

倾听的作用表现在三个方面：

（1）倾听是客服人员应具备的至关重要的素质。

（2）倾听是人们建立和保持关系的一项最基本的沟通技巧。

（3）倾听是一种礼貌，是欣赏说话者的一种表现，也是对说话者最好的尊重。

倾听的注意事项：

（1）尊重客户，让客户有被重视的感觉。

（2）了解客户的需求，了解客户需要的信息。

（3）了解客户态度的变化。

（4）倾听必须是有效的。

错误的电话接听方式

某网店客服刘小姐要结婚了，为了不影响工作，在征得经理的同意后，她请自己最好的朋友陈小姐暂时代替她的工作，时间为一个月。

陈小姐大专刚毕业，比较单纯，刘小姐把工作交代给她，并鼓励她努力干，准备在蜜月回来后推荐陈小姐顶替自己。

某天，经理外出了，陈小姐正在公司打字，电话铃响了，陈小姐与来电者的对话如下：

来电者:"是××网店吗?"

陈小姐:"是。"

来电者:"你们经理在吗?"

陈小姐:"不在。"

来电者:"你们是生产塑胶手套的吗?"

陈小姐:"是。"

来电者:"你们的塑胶手套多少钱一打?"

陈小姐:"15元。"

来电者:"14元一打行不行?"

陈小姐:"不行的。"

说完,"啪"挂上了电话。经理回来后,陈小姐也没有将来电的事告知经理。过了一个星期,经理提起他刚谈成一笔大生意,以13元一打卖出了100万打。陈小姐脱口而出:"啊呀,上星期有人问14元一打行不行,我说不行的。"经理当即脸色一变说:"你被解雇了!"

(二)倾听的技巧

倾听的技巧见表3-1。

表3-1 倾听的技巧

序号	项目	技巧
1	显示出倾听	①浅坐,身体前倾。 ②点头、附和。 ③眼神交流。 ④做记录
2	建立与客户的关系	①与客户建立友善的关系。 ②给客户足够的空间让客户发泄情绪。 ③站在客户的立场思考问题。 ④称呼对方的名字
3	诊断式倾听	①不要去争论、辩护。 ②勇于承认错误并道歉。 ③搜集客户要求的所有信息。 ④积极寻求解决方案

在充分掌握了聆听的技巧之后,还要达到一种聆听的境界,如图3-1所示。

图 3-1 聆听的境界

赢得了客户就赢得了市场，只有有效地倾听客户，才能更好地与客户沟通，有效地维护好客户关系。

案例 3-2　　　　　　　　　　　有效的倾听

曾经，一位网站的客服人员遇到了一位对他大发脾气的客户，客户说他付的那些费用是不合理的。这个人满腔怒火，扬言要把电话线拔掉，并要到处去申诉。最后，一位最善于处理此类事情的客服人员被公司派去处理此事。这位客服人员静静地听着，让那个愤怒的客户充分地发泄，不时说"是的"，并点头附和，对他的不满表示同情。

他滔滔不绝地说着，而客服人员态度谦逊，洗耳恭听，整整听了3个小时。客服人员和那位客户先后沟通过4次，每次都对他的论点表示同意。那位客户从未见过一个客服人员用这样的态度和他讲话，他渐渐地变得友善起来。前三次沟通，客服人员甚至连和他沟通的真正原因都没有提过，但是在第四次见面的时候，客服人员把这件事完全解决了。那位客户将所要付的费用都照付了，同时还撤销了申诉。

二、掌握提问技巧

提问就是提出问题要求回答、解答。商务洽谈中的提问是获得信息的一般手段。洽谈的过程常常是问答的过程，一问一答构成了洽谈的基本部分。恰到好处的提问与答话，更有利于推动洽谈的进展，促使推销成功。提问是客服人员必须掌握的一项技能，可以说懂得如何提问比其他基本功更重要。因为通过提问，可以让客户充分地表达自己的意见和愿望，从而完全掌握客户的心理。

（一）提问的基本要求

（1）洽谈时用肯定句提问。

（2）询问客户情况时要从一般性的事情开始，然后再慢慢深入下去。

（3）先了解客户的需求层次，然后询问具体要求。
（4）注意提问的表述方法。

（二）提问的技巧

课堂讨论

分组讨论：下面客户服务热线案例分析案例中的服务代表都犯了哪些错误，这些错误导致了哪些结果？正确的做法是什么？

（拨打热线客户为A，客服人员为B）

B：喂！你好

A：你好，我是××的一个用户……

B：我知道，请讲！

A：是这样，我的手机这两天一接电话就断线……

B：那你是不是在地下室，所以信号不好呀？

A：不是，我在大街上都断线好多次了……

B：那是不是你的手机有问题呀？我们的产品不可能出现这种问题！

A：我的手机才买了3个月，不可能出问题啊。

B：那可不一定，有的杂牌机刚买几天就不行了。

A：我的手机是爱立信的，不可能有质量问题。

B：那你在哪里买的，就去哪里看看吧，肯定是手机的问题！

A：不可能！如果是手机有问题，那我用××的卡怎么就不断线?

B：是吗？那我就不清楚了。

A：那我的问题怎么办，我的手机天天断线，你给我交费啊！

B：你这叫什么话呀，凭什么我交费，你手机有问题，在哪里买的就去哪里修呗。

A：你这叫什么服务态度啊，我要投诉你……

B：挂断……

1. 提问的分类

（1）针对性的提问。

（2）选择性的提问。

（3）了解性的提问。

（4）澄清性的提问。

（5）征询性的提问。

（6）服务性的提问。

（7）开放式的提问。

（8）关闭式的提问。

2. 提问的技巧表现

（1）前奏。

前奏就是告诉客户，回答问题是必要的或至少是没有坏处的。如果客服人员要提出客户可能不愿回答的敏感问题，运用一个前奏就有望改变客户的想法。例如，提问客户的电子商务客户服务项目预算，一般的客户都不愿意回答。这时客服人员可以加一个这样的前奏："为了给您推荐一个最适合的方案，我想知道这个项目大概的投资水平在怎样的范围内呢？"通过前奏就能有效地提醒客户，让客服人员了解项目预算是必要的，客户就有正面回答一些问题可能性。

（2）反问。

如果客户向客服人员提出问题而客服人员却不知道怎样回答，这时有两种方式可以选择：①实事求是，切忌不懂装懂；②反过来提问客户，让客户说出他是怎样看待这个问题的，这通常就是他希望得到的回答，客服人员也就正好可以据此投其所好了。

（3）沉默。

如果在通话过程中出现了长时间的沉默，这当然会造成很尴尬的局面。但是适当的沉默也是十分必要的。例如，向客户提问后，保持一小段时间的沉默，正好能给客户提供一些必要的思考时间。

（4）同一时间只问一个问题。

通常客服人员可能需要同时提出几个问题要客户回答，而客户往往只会记得其中的一个，或觉得无从谈起。所以同一时间只问一个问题才是最好的选择。

有针对性的提问

一家做机械设备的网店客服人员小刘经常打破公司的销售纪录。在公司的经验总结大会上，小刘说出了他的销售秘诀：经常对客户进行有针对性的提问，可以让客户在回答问题的过程中对产品心生认同。小刘经常在与客户谈话之初就进行提问，直到销售成功。以下是他的几种典型提问方式。

"您好！听说贵公司打算购进一批汽车零件，能不能请您说说您心中理想的零件产品有哪些要求呢？"

"我很想知道您选择合作厂商最看重公司的哪些品质。"

"我们公司非常希望能与您这样的公司保持长期合作，不知道您是否有这个意愿呢？"

"如果我们公司能够满足您对产品的所有要求，并且能使您的公司产生极大的效

益,您是否有兴趣了解我们公司的情况呢?"

"如果您对我们公司的产品有任何的疑问,可以随时咨询。""这您不用担心,只要签好订单,我会在最短的时间内给您送货上门。那么,您打算什么时候下单呢?"

"如果您对我们这次的合作满意,我们公司很期待与贵公司的下一次合作!您也十分期待是吗?"

第三节　掌握有效的沟通语言

语言是沟通的工具,有效的沟通语言对客服人员是十分重要的,可以说只有懂得如何运用语言的声调、音量及表达方式来表达自己真实的想法和意愿,才能与客户做到最有效的沟通。

一、客服人员的语言表达艺术

一个具备客户服务管理知识的客服人员的话语应具备的特点:

(1)语言有逻辑性,层次清楚,表达明白。

(2)突出重点和要点。

(3)真实、准确。

(4)说话文明。

(5)调整自己的音量和说话速度。

由于每个人都有与众不同的性格,即使是同一需要、同一动机,在不同的客户那里,表现方式也有所不同。因此,为了能够真正把话说到客户的心坎里,客服人员不仅要了解客户的需要、动机,还要对不同的客户有一个基本的认识,这样才能有的放矢,达到目的。

二、控制说话的语气

课堂讨论

Citi 银行有一个规定——如果你是 Citi 银行的客户,你可以在任何时间、任何地点打通 Citi 银行的 800 免费电话咨询。有一天,一位姓谭的先生要从伦敦返回新加坡,结果他乘坐的飞机晚点了 4 个小时,不能如期返回新加坡。这时已是半夜,无奈之下,他拨通了新加坡 Citi 银行的免费电话。电话员非常亲切地问了早安,并问谭先生有什么需要帮忙的。谭先生说:"我被耽搁在伦敦希思机场。"电话员接着问:"您是否需要延期您的信用卡期限？"这本是个很正常的问题，但谭先生回答说："不，我无法按时回到新加坡的家中，而又不愿让我的妻子在半夜接到我的电话，为我担忧。"电话员问："那么先生，您希望我能帮什么忙呢？"谭先生说："希望您能在新加坡的早上8点钟给我的妻子打个电话，那时我正在飞机上，告诉她我的航班延误了，让她不必按原定的时间去机场接我。"这时，电话员笑着回答："谭先生，您稍等，我帮您查一下我们电脑里的信息……我们有您家里的电话×××，和您妻子的名字×××。请您放心，我们一定与您的妻子及时联系，祝您一路平安！"谭先生放心地挂了电话。

新加坡早上8点，谭先生的妻子被电话铃叫醒了，她奇怪地问对方："Citi银行？早上8点钟打电话找我？"对方轻快地说："谭女士，您别着急，事情是这样的……"在讲完事情的缘由后，谭女士欣慰地笑了，她说："太谢谢你们了。我会和机场确认航班到达时间的。"当谭先生走下飞机，见到等在外面面带微笑的太太时，你认为他们会是什么感受呢？

（1）谭先生的电话与银行有什么关系呢？

（2）你认为谭先生一家是否会保持他们在Citi银行的开户？当他们的朋友要在本地银行开户时，他们是否会介绍Citi银行呢？

在与客户沟通时，应注意以下几点：
（1）要控制自己的声音，吐字清晰，音量适中。
（2）语速适中，让客户听起来很舒适。
（3）与不同类型的客户沟通要因人而异。
（4）适时对客户进行恰到好处的赞美。

客服人员除了掌握五项基本技能之外，还要掌握语言表达的技巧，能够通过与客户有效沟通，从而更好地为客户提供服务。

知识链接

中性的语气

寻呼中心以及电话服务中心在培训话务员的时候，要求他们使用中性的语气。什么是中性的语气呢？就是说男士在说话的时候不要过于生硬，直来直去，要注意委婉地表达，讲究礼貌；而女士在说话的时候不能过于软绵绵，拖泥带水，要做到干净利落，充满自信。所以两者结合起来就成为中性的语气，如图3-2所示。

相同的意思用不同的语气表达出来，结果可能完全不同。过于尖锐的语气会让客户产生紧张感，而有气无力的语气则会让客户质疑客服人员的工作能力；过于严肃的语气会让现场的气氛变得压抑，而过于随便的语气则会显得对客户不尊重；过快的语速会使话语变得含糊不清，而过慢的语速则容易让人产生不耐烦的感觉。所以客服人员必须控制自己说话的语气，做到语气平缓、温和、清楚、自然、有生气、有力量。

检查自己说话的语气：
➢ 当我生气时,语气会变得不安和尖锐起来
➢ 我紧张时讲话更快
➢ 我累的时候,讲话会相当慢,显得慢条斯理
➢ 别人认为我的声音总是"升调"
➢ 当我和朋友严肃地谈话时,朋友却认为我说得温和
➢ 大多数情况下,我控制我的语气
➢ 有时,我讲话带有霸道和命令口气
➢ 别人认为我讲话有气无力
➢ 我庆幸自己讲话的声音清楚、直达和自然
➢ 我的用语和讲话风格倾向于严肃,有学者味

图 3-2　检查说话的语气

第四节　电话沟通的技巧

电话是客服人员与客户交流的一种重要工具，具有方便、迅速、省时、省事的特点，对于提升服务品质具有重要的促进作用。

一、电话交流的步骤

（一）电话服务的作用

（1）对客户进行问候、祝福和感谢。

（2）进行咨询、调查、促销宣传。

（3）为客户提供热线帮助。

（二）电话服务的缺陷

电话服务虽然便捷，但是也存在一些问题和缺陷，需要客服人员注意，并且在实际运用电话服务的时候加以克服。

（1）缺乏身体语言，较难建立密切关系。

（2）可能会打扰客户休息。

（3）电话交谈时容易走神，或得出错误观点。

（4）难以准确地表达复杂的思想和信息。

（5）态度和语气语调会影响沟通效果。

（三）电话服务的流程

礼节性电话服务流程：

在给客户打电话的时候，有一个礼节性的流程，如图3-3所示。

图3-3　电话服务流程

（四）电话服务注意事项

（1）重要的第一声。

（2）要有愉悦的心情。

（3）端正的姿态与清晰明朗的声音。

（4）迅速准确地接听。

（5）认真清楚地记录。

（6）有效电话沟通。

（7）挂电话前的礼貌。

需要指出的是，在进行问候的时候，要求做到亲切、热情、自然，自我介绍的时候要简洁明了。在询问了解这一步，可以通过设计问卷、回答问题的方式来提高效率。在最后感谢和承诺的时候一定要温馨有诚意。

 案例3-4

海尔的客服

客户在购买了海尔产品之后24小时之内就会接到海尔的电话。在电话里，海尔的客服人员首先会问候客户并自我介绍，然后确认客户在什么时候在哪个商场购买了海尔的哪种产品，询问客户在使用产品方面有什么疑问，觉得服务人员的态度如何。最后，客服人员会感谢客户购买海尔产品，承诺客户以后在使用上遇到任何问题都可以拨打服务电话。

二、电话交流的技巧

（一）接听电话

当电话铃声响起的时候，客服人员要争取在铃响三声之内拿起电话。首先问候对方"您好"，注意不要"喂、喂"地叫嚷；然后自报姓名"这里是×××，我是×××"，要求简洁明了；接下来询问对方是否需要帮助，需要什么样的帮助，而不是问他找谁；在谈话的过程中要不断地称呼对方，以显示对对方的重视。

（二）让客户等候

有时电话接起的时候，客服人员因为某种原因暂时不能与其交谈，需要让对方等候一会儿，这时应该询问对方是否可以等候，并且告之让其等候的原因以及需要等候的大概时间。比如说："先生，你能稍微等一分钟吗？我先去和物流部门核实一下货到底发出去没有。"需要注意的是让客户等候的时间不能太长，最好在一分钟之内，因为拿着电话等待的时间漫长，客户往往会因为不耐烦而挂断电话。此外，当客服人员重新接听之后，首先要对客户的等候表示感谢，再进行其他程序。

（三）转接电话

有时客服人员接到的电话不是本部门的或者本人的，需要转给其他人，应该怎么办呢？首先，向客户解释转接电话的原因，以及将要转给何人；然后，询问客户是否同意把电话转给其他的部门，并且在挂断电话之前确认转过去的电话已经有人接听；最后，要把来电客户的姓名和电话内容告诉即将接听的人。

（四）完美地结束通话

当一次通话结束，需要挂断电话的时候，客服人员要再次重复电话中的重要内容，确保客户同意将要采用的方案；并且询问客户是否还有其他的需要，给客户一个机会看看是否有遗漏的事情；同时感谢客户打来电话，让他知道客服人员非常重视他提出的问题；最后一定要让客户先挂电话，在等对方挂了电话之后客服人员才可以把电话放下，避免出现客户的话说了一半就被挂断的现象。此外，客服人员在结束电话之后要立即记录下有关的重要信息，以免由于忙碌而遗忘了。

客服人员掌握电话沟通的礼仪和技巧，能高效地与客户沟通，从而为客户提供优质的服务。

案例 3-5

电话转接

国内旅游部的小张接到一个客户的电话，询问有关欧洲旅游的事项。小张说："您好，我这里是国内旅游部，欧洲游由国际旅游部负责，您介意我把电话转给国际旅游部吗？"客户说没问题，于是小张就把电话转到国际旅游部，等到国际旅游部有人接听的时候，小张说："是小李吗，我这里有一位王先生想了解到欧洲旅游的事宜，你来接待一下吧。"

本章主要论述了电子商务客户沟通技巧。阐述了客户沟通的基本要素和基本方式。在与客户进行交流的过程中，无论是倾听的过程，还是提问的过程都有一定的技巧性因素的存在，掌握这些技巧可以保证沟通的有效进行。此外，在与客户沟通的过程中，还要掌握有效的沟通语言。在电话沟通成为一种重要电子商务服务方式的今天，相关的客服必须要掌握熟练的电话沟通技巧，以此提高客户的满意度，提高客户的下单率。

1.列出电话呼出和接入时客服人员可以使用的台词，并且熟练地记住和使用。

2.与同伴一起演练，一方扮演客户，一方扮演客服人员，反复练习、观察、总结，并记下练习的心得和体会。

3.1分钟之内，每组派出两人，交替提出一个开放式问题、一个封闭式问题，每个问题计1分，得分多的小组为胜。

星星公司客户服务

座席：这里是星星公司客户服务中心，请问您有什么问题？

客户：我的网上密码忘记了（或被盗了），找回了很多次都没成功？

座席：这位先生，请问您贵姓？

在开始语中，注意不要急于询问客户的问题及提供解决方案，先问清客户的姓氏，在以后的谈话中注意使用，体现对客户的尊重。

客户：我姓张。

座席：张先生，请问您是通过我们网站提交密码提问找回密码的吗？

通过封闭性问题，逐步锁定客户问题产生的根源。

注意：使用封闭性问题避免连续多次使用，一般连续不超过3次。问题的询问要目的明确，适时引导客户，避免漫无目的；避免在客户激动的时候询问不恰当的问题，激化矛盾。

客户：是的。我是一年前注册的，现在谁还能记住密码提示问题？

座席：密码找回是通过密码提示问题找回的。

重申问题的解决方案。

注意：语气要委婉。

客户：你的意思就是我找不回密码了。

注意：可判断为一难缠客户。

座席：张先生，我很理解您此时的心情，如果我遇到您这种情况，我也会像您一样着急。我们这么做的目的也是保护客户的利益。

与客户情绪同步，理解他目前所遇到的困境，注意说话的语气，要真诚、充满感情。

注意：一定要很好地把握说话时的语气和态度，要从内心由衷地发出。

在很多客户服务中心，座席人员经常会说："我也对客户表达了歉意与理解，可是没有效果。"体会一下，使用不同的语气表达同样的内容感染力的区别。

客户：保护我的利益就要帮我找回呀！我都使用一年多了，好不容易才修炼到现在这样的级别。我就这样认了吗？

座席：张先生，和您的谈话中，可以看出您一定是×××方面的高手。在网上经常发生密码被偷、信息被盗的现象，就像现实生活中小偷偷走了我们的钱包一样，要找回一定需要相应的线索。而密码找回也是通过提供密码提示问题这一线索找回的。希望您能理解。

运用赞美和移情平息客户的不满情绪。

注意：语言交流中保持一定的幽默与风趣。对待客户就像对待朋友，和客户建立良好的关系，最后让客户理解自己的难处。

座席：（保持沉默20秒）

适时沉默，倾听客户的声音。其作用相当于一个封闭性的问题。

客户：那好吧！（结束电话）

客户可能说：那我就没办法了。

座席：您可以好好地再想一想，多去尝试几回。在网络提交过程中，有什么不清楚的地方。我们随时欢迎您再次拨打我们的电话。

客户：好吧！（结束电话）

客户可能会说：还有没有其他的办法？

注意：在准备结束电话时，多使用封闭的回答或问题，并且在回答后保持沉默适当时间。让客户回答，若客户没有反应，可以询问：还有其他问题吗?

座席：我很希望能够给您更多的帮助。目前密码的找回只能够通过密码提示问题。如果公司有其他的方案，我会第一时间通知您。请您多多包涵。

回答的原则：避免正面的直接否定，否则容易造成客户的不满情绪升级。

客户：谢谢！（结束电话）

电子商务客户服务技巧

【知识目标】

1. 了解接待客户的技巧。
2. 了解满足客户需求的方法。
3. 了解不同的客户类型。

【技能目标】

1. 面对不同的客户类型,都能自如应对。
2. 能够灵活运用各种接待技巧,与客户间建立长期的信任关系。
3. 提供有针对性的客户服务,提高自身的沟通能力。

【知识导图】

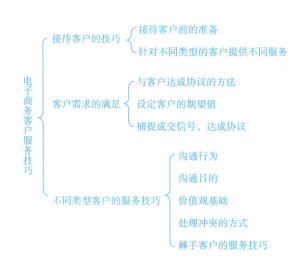

第四章 电子商务客户服务技巧

案例导入

售后处理不当造成的差评

你好
1001 13:50:41
您好，客服雨泉为您服务。

> 做好心理准备，战争要开始了，收到鞋子就来找客服的90%是售后问题，这种情况不用惊慌，先调出他们的购买记录，是好是坏我们都要做好准备

鞋子收到了
1001 13:50:54

嗯嗯，
1001 13:51:05

就是鞋子两边不平
1001 13:52:24

亲，那个是正常情况的呢，穿穿就好的哦
1001 13:52:29

> 顾客刚说鞋子不平，客服就告诉他是正常情况，穿穿就好，是否很应付呢？换成顾客，如果我想到穿穿就好，我不用跟你说了。或者有可能，我觉得穿得不舒服，并没打算退换货，就想得到一个安慰，但是客服还不知道具体情况就马上推卸责任，顾客能满意吗？在我们不知道什么情况的时候，要先搞清楚情况，问清楚顾客说的不平是指什么。可选择性地让顾客拍照，如果是尺寸或者大小有问题，则不用拍照，提供退换就可以了

这款鞋子，上面的鳞片装饰可以自己弄的哦
1001 13:52:52

1001 13:53:07
很个性的呢

脚跟不舒服，给顶着
1001 13:53:17

左边平的穿得刚好
1001 13:53:26

啊，那是什么情况呢，可以拍个照片给我看看吗
1001 13:53:43

右边突起来，顶着
1001 13:53:47

> 换句话来说，"亲，给您带来不便相当抱歉，亲方便拍个照片给我看一下吗？我好知道是哪里出了问题。"如果真的是质量问题，一般买家都会选择给你拍照的

好，==
1001 13:53:50

好的，麻烦亲了

> 这里是对的，因为如果确实是质量的问题，这当然要麻烦买家拍照了

你好

85

电子商务客户服务

```
                            16:01:12
    请接一下
    1001    16:01:34            客服大忌，不管是售前还是售后，我们都要尊重顾客，都要用"您"
    你发给我
                            16:02:12

                            16:02:18
    这个位置
                            16:03:13
    一高一低的
    1001    16:05:01            这里是对的，我们要弄清楚哪里出了问题，然后对症下药
    亲，说的是边缘上吗
                            16:05:07
    是的
    1001    16:06:24                            这会显得客服人员缺乏自信，
    您说2只不一样是吗                             带很大的搪塞成分。再则，在
                                              我们自己还不知道是不是质量
                            16:06:26           问题的时候就全盘否定了我们
    左鞋边缘接口是平的，穿着没问题                    的货品，顾客是否这怀疑整个
                            16:06:55           公司的货品和服务呢？我们可
    右鞋边缘接口高低，                             以这么说："亲，图片上那一
    1001    16:07:25                            高一低不是特别明显，如果您
    亲，您叫我刚到仓库看了，这款都是这样的哦          不是特别满意，您先把货退回
                            16:07:31           来，我收到货后拿去跟仓库的
    不会吧                                      对比一下，看是您这双鞋有问
    1001    16:07:40                            题还是这款鞋子本身是这样的，
    是的呢                                      如果确实是您这双鞋有问题，
                                              我们给您换一双，运费我们承
                                              担，如果是仓库的都有问题，
                                              您也可以选择退货。"

                            16:07:44
    高低鞋怎么穿呢
                            16:07:48
    能申请退款吗
    1001    16:08:05
    就是这样设计的，脚要穿在这个边缘里面的            千万不要回避顾客所提到的问题，搞不清楚顾客的问题、需要
    1001    16:08:36                            什么样的解决方式，我们就没办法对症下药，那么我们所说的
    "高低鞋怎么穿呢"？                            话都会显得很苍白，连自己都说服不了，如何说服顾客呢？
    1001    16:08:49
    边缘就是会高一点出来的
                            16:09:03
    左边的怎么不会高一点出来呢
    1001    16:10:06                            顾客已经开始有情绪了，因为他已经开始怀疑你的产品、
    因为这款鞋子就是这样设计脚在里面的              你的服务，甚至你的人品了，如果继续推托只会引起顾客
    1001    16:10:32                            的反感憎恶
    不影响我们再次销售都是可以退换货的
```

86

第四章 电子商务客户服务技巧

思考：商家哪些处理是不当的？电子商务客服有何技巧？

第一节　接待客户的技巧

客户对服务的感知就是通过客服人员的服务来感受的，这在很大程度上取决于一开始客服人员的服务质量。良好的开端是成功的一半，在接待客户的过程中，以良好的服务技巧赢得客户的信任，才能取得预期的服务效果。

在某服装精品店里，有的营业员月薪七八千甚至上万元，老板高高兴兴地给这些营业员发工资；而有些营业员只领基本工资 1500 元，老板却不高兴，这是为什么呢？

优秀营业员的销售能力比普通营业员要强，难道仅仅是因为他们能说会道吗？

（1）顾客进店后，你觉得可以用哪些方式让顾客迅速地喜欢你？

（2）当顾客很喜欢一件衣服，他/她的同伴却持反对意见时，你该怎么办？

（3）顾客犹豫不决，无法做出购买决定时，你该怎么办？

社会竞争日益激烈，各行各业都面临着适者生存、优胜劣汰的情况，客户服务表面上看是一项十分简单的活动，然而要在激烈的竞争中脱颖而出却非易事！接待客户的秘诀就是围绕"客户"这个中心，遵从"以人为本"的服务宗旨，做好接待客户前的准备，提供个性化的服务，用不同的技巧接待不同类型的客户，通过自己的不懈努力，赢得顾客的满意。

一、接待客户前的准备

客服要想在接待客户的过程中呈现出良好的服务技巧，赢得客户良好的第一印象，为之后工作的开展奠定基础，就必须做好充分的准备工作，如图 4-1 所示。

图 4-1　接待客户前的准备工作

二、针对不同类型的客户提供不同服务

服务个性化是指根据客户的行为习惯、偏好、特点等向客户提供满足其各种个性需求的服务。客户因年龄、职业、知识结构等的不同，会不断产生个性化需求，如有的客户关注价格，有的客户关注自身感受，有的客户则希望客服人员提供更多的专业信息。个性化服务就是针对不同客户的特质为其"量身定做"的服务方式。

调查表明：客户只希望与值得信赖的人打交道。这就提醒客服人员不仅要有过硬的专业知识技能，还要言谈得体、举止文明。

客服人员每天都会接待不同类型的客户，他们的性格、偏好、言行等都有很大的不同。对待这些客户，采取的接待方法也不尽相同。总的来说，判断客户类型和消费需求，让每一位客户满意，是客服人员的终极目标，如图 4-2 所示。

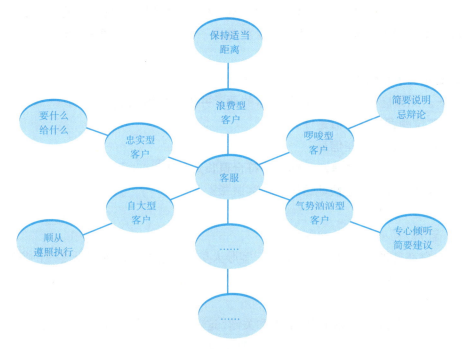

图 4-2　针对不同类型客户提供不同服务

随着社会的快速发展，商品本身的外观功能等已经逐渐淡化出客户的需求，也就是说，客户更关心的是商品背后的服务。人与人之间情感与尊重的交流是所有商品都不能代替的。所以在客户服务中，必须体现"专业、敬业、尊重、包容、理解"五个方面的内容，这也是考察客服人员是否合格的一项重要指标。尊重客户、理解客户、持续提供超越客户期望值的产品与服务，这才是客户服务坚持和倡导的理念。

第二节 客户需求的满足

满足客户真正的需求并从中获利是客户服务的目标,客户的需求有的能满足,有的不能满足,客服人员就要在满足与不能满足之间找到一个平衡点,最终与客户达成协议,完成服务。

在一家服装精品店里,有一天,来了一位30来岁的顾客。她要求将一条穿过一次的钉珠长裙退货,理由是这条裙子才穿一次就有珠子掉了。这位女顾客情绪有点激动,扬言不退货决不善罢甘休。

因为这条裙子价值不菲,同时顾客也承认已经穿过一次,营业员菲菲不敢做主,于是请来了店长。结果店长痛快地答应了顾客的要求并愉快地给她退了货。

(1)这位顾客的期望值是什么?
(2)顾客提供了哪些信息?
(3)根据顾客提供的信息,你觉得符合退货条件吗?
(4)店长为什么会愉快地给这位顾客退货?

一、与客户达成协议的方法

每位客户都是带着期望接受服务的,客服人员应该怎样满足或降低客户的期望值,最终与客户达成协议呢?

(一)专业地介绍自己的产品

让客户了解产品是促成购买的前提和关键,这就要求客服人员做到以下几点,见表4-1。

表4-1 客服介绍产品的技巧

1	对自己的产品了如指掌并发自内心地喜欢	了如指掌是熟练展示的前提;喜欢,则可以让讲解充满生命力、充满说服力、具备煽动性
2	做好产品演示的准备	在每一次介绍之前,都要确定:我要介绍什么?我要怎样介绍?用什么顺序、什么方式介绍?怎样才能给客户留下深刻的印象。
3	有明确的目标	介绍产品有一个非常明确的目标——使客户产生购买的欲望

续表

4	以客户兴趣为中心，吸引客户注意	这就要求客服人员对客户想了解什么做一个基本的分析，才能有针对性地介绍产品。产品演示之前就要充分吸引客户的注意力，演示时少说废话，多做演示
5	简单易记	因为大多数客户都不是专业的，也不太了解产品，如果可能，用一些引人注意的辅助资料来充实自己的产品介绍和论证
6	调动客户的积极性	在介绍产品时，从客户的需要出发，调动他们的积极性，这是激发客户购买的关键

（二）提供更多的信息与选择

客户的需求各不相同，因此，客服人员需要储备多种方案，给客户提供更多的信息和解决办法。

一方面，提供更多的选择会给客户营造一种自己"已经尽力了"的感觉，即使客户不是十分满意，也不会为难客服人员；另一方面，更多的信息和选择等于增值服务，如买1瓶酸奶3元，选择买2瓶就是5元，选择买5瓶就是10元，客户可以选择自己更易于接受的类型，不管买多买少，商品都被销售出去了，如图4-3所示。

图4-3 为顾客提供更多的选择

二、设定客户的期望值

客户的期望值是可以被设定的，那就是告诉客户哪些是他可以得到的，哪些是不可以得到的。

（一）降低客户的期望值

降低客户的期望值适用于客服人员无法满足客户的期望值时。

（1）了解客户的期望值。
（2）对客户的期望值进行有效的排序。
（3）分析对客户来说最重要的期望值。
（4）帮助客户舍弃那些不重要甚至是无用的期望值。

客户的期望值如图4-4所示。

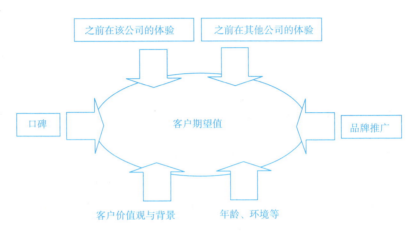

图4-4　客户的期望值

（二）超越客户的期望值

（1）熟悉客户——知道他们的购买理由及好恶。
（2）直接询问客户的期望。
（3）让客户知道能得到什么——做出自己职权范围内的承诺。
（4）满足他们的期望——实现自己的承诺。
（5）保持客户期望值的一致性——客户的期望值是在不断变化的。

例如，美国的汽车行业曾经在很长一段时间内代表了世界汽车业的最高标准。现在的汽车业却是各个国家"百花齐放"，就是因为没有任何一个行业能满足客户不断变化的需求而留住客户。

（三）拒绝客户

当客户提出过分的要求或者满足不了客户所要求的服务时，应该及时予以拒绝。如果说满足客户的期望值是技术，那么拒绝则需要技巧。

（1）用肯定的语气——好主意，不过我们恐怕一时还不能实行。
（2）用恭维的语气——您的眼光真好，这是我们的××货，不过进价太高，不能给您让价。
（3）用商量的语气——今天实在太忙了，招待不周，您自己看看行吗？
（4）用同情的语气——真是太遗憾了。
（5）用委婉的语气——这个价位的商品品种丰富，您再看看好吗？

三、捕捉成交信号，达成协议

常见的反映客户同意成交的信号有：

（1）客户有积极的反应。

（2）进一步提出各种更详细的问题——"嫌货才是买货人"。

（3）开始认真讲价。

（4）开始抱怨产品、服务或与本人紧密相关的部分——没有购买欲望就没有抱怨。

（5）当客户与第三者商议时，要马上拉拢第三者。

当客户表现出成交的意愿时，客服人员可以采用下列两种方式：站在客户的角度（为客户省钱、为客户创造利润等）帮助客户做出决定；向客户提供保证或做出承诺，承担自己和客户之间的所有风险（符合公司的相关规定），促成成交。

"使顾客满意"已成为现代企业的经营哲学，以客户为中心的新的经营方式正在得到广泛的认同。在现代激烈竞争的环境下，适应和满足客户的需求，让客户得到自己想要的东西，树立企业和产品的口碑，留住老客户，吸引新客户，是在竞争中取胜的关键。

第三节　不同类型客户的服务技巧

客服人员每天要接待各种各样的客户，要想让他们高兴而来，满意而归，关键是要采用灵活多样的接待技巧。接待客户要因人而异，为了确保为客户提供满意的服务，首先应该找出客户的需求并用他们希望的方式来满足其需求。

课堂讨论

顾客要求退掉已经穿过一次且珠子已经掉了的裙子时，店长愉快地答应了。售货员菲菲一直没搞明白，店长为什么那么痛快地就把那条被顾客穿过的且掉了珠子的长裙给退掉。要知道，这条裙子不仅价值不菲，而且掉了珠子会影响第二次销售，完全不符合店里的退货规定。按照惯例，这样的退货属于无理要求，这位喋喋不休、盛气凌人的顾客也会因其行为和恶劣的态度被列入棘手顾客的"黑"名单。

（1）如果是你，会采取怎样的技巧来应对这位退货顾客？

（2）怎样让顾客知道你理解他/她？

（3）在接待棘手顾客时，你知道哪些技巧？

（4）如果你是店长，会给这位顾客退货吗？为什么？

受知识、年龄、阅历、性别等诸多因素的影响，客户类型呈多样性，因此产生了各种各样，甚至是匪夷所思的要求，这对客服人员是一个挑战。

但是，尽管人与人之间存在各种差异，但还是能从他们身上找到很多共同点，为了确保为客户提供满意的服务，应该首先找出客户的需求并尽量按他们希望的方式来满足。

一、沟通行为

（1）男性比女性更为饶舌。相关研究资料显示，对同一情况和事件的叙述，女性平均使用的叙述时间为3分钟，而男性则多达13分钟。

应用：

男性客户：要注意控制客户在沟通过程中讲话的时间，目的是给自己留出充分的时间表达自己的观点和沟通目标。

女性客户：可以相对完整地表述一个问题，但是要注意让客户融入谈话，这样可以使沟通的效果更好。

（2）男性比女性喜欢在交谈中插嘴，打断别人的话。

应用：

男性客户：要注意专注一个话题，在清晰表达完之前不要被客户转变沟通的内容和方向。

女性客户：要注意沟通内容的清晰和系统，但是不要太啰唆，即使客户给予你相对宽松的表达时间和氛围。

（3）在谈话中，女性比男性更喜欢凝神注视对方，而男性则只从对方的语言中寻求理解。

应用：

男性客户：注意在与客户沟通的过程中，表述的语言要恰当，以便客户做出客服人员希望的分析和理解。

女性客户：注意眼神、面部表情和行为语言的表达要适当。

（4）女性比男性更易将个人思想感情向别人诉说，而男性自认为是强者，故较少暴露自己。

应用：

男性客户：要注意观察客户各方面的表现，用以判断客户的真实想法和意图，使沟通越来越有针对性。

女性客户：要注意客户所提到的各个问题，尽量给出明确或者适合的回复。

注意：在沟通内容上，男女客户存在明显差别。

二、沟通目的

男性客户表现及对策：男性期望通过沟通强调自己的地位、能力。这就要求客服人员在与客户沟通的时候，尽量给足客户面子，让客户有一种成就感。

女性客户表现及对策：女性期望通过沟通建立良好的关系。在沟通的过程中，客服人员要注意第一步是与客户建立一个良好的关系，为今后的工作打好基础。

三、价值观基础

男性客户表现及对策：男性更注重力量、能力、效率和成就，他们的自我价值是通过获得成就来体现的。他们最不愿意别人告诉他该如何做事，他没提出要求别人就主动去帮助他，是对他的不信任，更是一种冒犯，男性对此非常敏感。因此，要充分认可客户的能力和实力，尊重他们就是一个好的沟通的开始。

女性客户表现及对策：女性更重视感情、交流、美和分享，她们的自我价值是通过感觉和相处的好坏来定义的，她们花很多时间在相互帮助和相互安慰上。当别人谈话时，她们从来不提供答案，耐心地倾听别人的谈话和理解别人的感受，是她们爱和尊重别人的表现。作为回馈，客服人员也应该给予同样的回报，这样可以更好地引起共鸣，从而达到更好的沟通效果。

四、处理冲突的方式

男性客户表现及对策：男性强调独立和控制，他们的沟通语言是要表达地位、权力和独立，他们在意是否高人一等。大多数男性会在发生冲突时直接表达意见，男性多是就事论事型。客服人员在与他们沟通的时候，要注意从问题的实际情况出发，不要拖泥带水，要清晰、果断地处理问题。

女性客户表现及对策：遇到冲突时，女性强调化解矛盾，希望得到理解和支持，她们使用表示情绪和亲密的语言沟通。发生冲突以后，女性容易浮想联翩，会将以前的种种不满一起拿出来"算总账"，认为这不是偶然事件，而是累加的结果。所以，这就要求客服人员耐心、细致地处理出现的问题，而且要尽量多地理解、支持她们，这样可以得到她们更多的认可和信任。当然，在处理问题的时候也要把握适度的原则。

客户对商品了解程度不同，沟通方式也有所不同

（1）对商品缺乏认识，不了解：这类客户对商品缺乏认识，对客服人员依赖性强。对于这样的客户需要客服人员细心地解答，多从客户的角度去为他推荐，并且告诉他推荐的理由。对于这样的客户，客服人员的解释越细致他就会越信赖客服人员。

（2）对商品一知半解：这类客户对商品比较主观，易冲动，不太容易信赖。面对这样的客户，就要控制情绪，有理有据耐心地回答，向他表示客服人员丰富的专业知识，让他认识到自己的不足，从而增加对客服人员的信赖。

（3）对商品非常了解：这类客户知识面广、自信心强，问题往往都能问到点子上。面对这样的客户，要表示出对他专业知识的欣赏，用虚心的态度和他探讨专业的

知识，给他来自内行的推荐，告诉他"这个才是最好的，您一看就知道了"，让他感觉到自己真的被当成了内行的朋友，而且客服人员尊重他，给他的推荐肯定是最衷心的、最好的。

五、棘手客户的服务技巧

除了常见的客户类型以外，还有一些棘手客户。例如菲菲遭遇到的，穿过又损坏的裙子要求退货的，就是比较棘手的客户。应对这些客户，客服人员一定要保持冷静并提供专业的服务。棘手客户的应对技巧见表4-2。

表4-2 棘手客户类型分析表

类型	特点	服务技巧
愤怒	不冷静、易发怒、情绪激动	①及时掌握对方愤怒的原因。 ②表达出乐意帮忙解决问题的意愿。 ③让对方发泄怒火。 ④如果对方的要求公司可以接受，愉快地答应。 ⑤跟踪调查，避免投诉
不满意	总是不满意、不高兴	①倾听。 ②富于同情心，理解对方。 ③积极帮助对方解决问题。 ④向对方确认"您希望我们提供怎样的服务"。 ⑤让对方参与到工作中，了解自己、理解自己
苛刻、专横	缺乏安全感，有过不愉快的经历	①提供专业化服务。 ②尊重对方。 ③明确告诉对方自己的能力范围。 ④稳定、公平
粗鲁、不顾及他人	故意冒犯他人或引起他人注意	①切忌用同样的态度回应对方，保持自己的专业性。 ②不要诉诸报复

客户在"买"与"不买"之间犹豫，一般有以下几种可能：

（1）帮别人购物，自己满意，怕别人不满意。

（2）选购的是非赠或必需品，决心不够。

（3）缺乏购物经验，对商品质量将信将疑，怕上当。

（4）受他人怂恿，自己还未下定决心。

（5）选购时慎重乃至挑剔。

（6）个性原因：优柔寡断，拿不定主意。

（7）经济不宽裕，购买能力有限。

（8）不满意商品，却又是急需品。

（9）独立生活能力差。

如果客服人员具备了高超的沟通技巧、积极的服务态度，并能耐心地对待客户，拥有帮助客户解决问题的良好愿望，那么，就能为客户提供满意的服务。面对客户服务中的难题，客服人员需要将客户和问题区别对待。问题终究是要解决的，而客户始终是客户，即使客服人员不能理解也不赞同他们的某些行为和想法。不管什么时候，都要和客户建立一种友好的沟通关系。当然，在有必要的时候，客服人员可以寻求同事的帮助支持，或是将问题反映给上级部门的相关人员。

知识回顾

本章主要论述了电子商务客户服务技巧，在接待客户的过程中，要提前做好应对客户的准备工作，针对不同的客户提供与其相应的服务，满足客户的不同需求。面对客户的期望，要尽量满足，实在不能满足的，就要设法降低客户的期望值，甚至是可以采取拒绝客户的方式，以此来获得客户对于店铺的好感。

课后练习

1. 为自己注册一个淘宝（当当、京东或某团购网站）账户，进行一次网上购物，并对产品进行评价，体验真正电子商务环境下的客户服务。

2. 为自己注册一个QQ邮箱之外的邮箱，并讨论今天的学习收获。

拓展阅读

常见的价格异议

（1）我买别家大牌香奈尔都打折，你们还不是一线品牌，为什么不能打折？

小姐，站在您的立场上，我很能理解您的心情，您的要求也是相当一部分客户的要求，但如果我们换一种方式思考这个问题：我们始终不打折其实也是对您的一种保证，不希望您原价买的东西过段时间就贬值，您又是我们的VIP客人，可以10∶1积分换购我们的产品，而且给您的九折已经是最优惠的折扣了，加在一起等于是变相给您打了个八折，还是很优惠的！再说，虽然我们不是一线品牌，但是我们面料的供应商是和一线品牌一样的，品质感也是一样的，而价格就亲民了很多啊，您觉得呢？

（2）你们现在搞活动送超细羊毛针织衫，这个会不会是你们把卖不掉的东西当赠品啊？

您好，您的疑虑的确是有一些客人反映过的，不过您可以看一下我们的评价。这款赠品的手感可比普通的羊毛衫要柔软多了,而且很轻薄,因为它是由超细的纱线织成的,可以贴身穿着不刺痒,同时又没有负担,其实,这件单品是我们的畅销品,而把它作为赠品是想让更多的客户能体验到好的面料带来的舒适度,您觉得呢?

(3)我经常来买你们家的衣服,也没有见你们送东西!

嗯,您确实是我们家老客户了。可惜我们现在没有做什么活动,您可以给我们留一份资料,如有推广活动我们可以通知您,您看,好吗?(同时向客户介绍我们有过的推广活动。)

(4)这么贵,这种款式别人家也有,价格比你们便宜好多。

款式类似的产品确实有,这方面我们也了解过。不过在工艺和面料上都有一定的区别。像这件衣服用的是……所以价格方面请您放心,如果是完全一样的产品,不同的价格,客户也会接受不了,对吗?

电子商务客户的分析与客户关系管理

【知识目标】
1. 了解不同的网店客户的分类方法。
2. 了解电子商务客户关系管理的方法。

【技能目标】
1. 能够搜寻网店潜在的目标客户。
2. 能够对客户关系进行有效管理。

【知识导图】

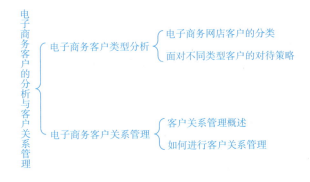

案例导入

杭州银泰移动 CRM 卖百货

　　一场静悄悄的革命正在杭州银泰百货进行。银泰百货与移动运营商合作,使用自己积累的数据库,开始了一系列移动客户关系管理 CRM 的尝试。

　　杭州银泰百货在杭州可谓业界翘楚,商场沿街长度达 160 米之长;营业面积达 30000 平方米,各级员工 13000 余名,成为浙江发展非常快的大型百货商场之一。经过多年的积累,银泰百货已经积累了几万名 VIP 客户的详细资料,但是,面对如此庞大的数据库,他们也是"办法不多"。于是,公司希望利用 IT 技术来改善客户关系管理。

　　银泰百货尝试利用移动短信平台开始一项互动的市场营销活动,活动中,与客户

往来交流的各种信息都会及时反馈到公司的客户关系管理系统。

"银泰的客流量非常大。以前给VIP客户发一轮信函,不仅需要大量的人手,而且每封信函邮费就要一元多,成本很高。但通过短信商务平台,直接把产品与客户数据连在一起,不但方便快捷,而且即使每个客户的成本按一毛钱算,费用也节省了90%。"一位银泰百货的内部人士告诉记者。

杭州银泰百货每个月都能借助移动短信平台,进行三四次短信促销、调查活动。另外,通过移动短信平台,还可以对收集来的信息进行合理的信息分类,并进行数据库营销。最简单的形式就是,商家搞活动,对新产品进行促销。

举个简单的例子,如果客户买了化妆品,打开后,按照上面的标签,发个短消息到某地就可以有某种优惠,数据库便可收录她的喜好。当她在三个月产品用完后,即时消息便会自动找上门来。

专业人士认为,其实对银泰百货这样的零售企业来说,最理想的移动客户关系管理模式除了短信营销之外,还有一块也极有吸引力,正待挖掘,那就是定位系统。例如,当客户走到商厦附近的时候,系统就能自动根据数据库中收录、分析出的客户爱好,发一条针对性强的促销信息。事实上,通过现有的技术,这并不难实现。只要客户的手机开着,他附近的三个基站就能监测到他的位置,并通过一些算法,定位系统就能准确定位,误差不过十几米。

思考:什么是客户关系管理?如何进行客户关系管理?

第一节 电子商务客户类型分析

课堂讨论

张明是淘宝皇冠卖家的一名实习客服,刚当上客服的他总是非常热情地接待每一位前来咨询的客户,尽自己最大的能力推销自己店内的商品。最近,令他非常郁闷的是每一个客户对待他的态度都不尽相同,有些客户对他推荐的产品很感兴趣,有些客户说了几句就表示没兴趣,有些客户甚至直接消失不回复了,这让张明感到莫名的悲伤。张明向他的师父简述了自己的烦心事,师父告诉张明要分析客户类型,对不同类型的客户要用不同的方法,那么有哪些客户类型呢?当一个客户和你聊天的时候,怎么样应对才能尽快识别他(她)的类型呢?

一、电子商务网店客户的分类

网店客户是一个非常大的群体，每一个客户都存在着或多或少的差异，所以对客户的分类依据也不同，那么针对网店客户，分类方法大致有以下几种。

（一）按客户性格特征分类

按客户性格特征分类，网店客户可以分为友善型客户、独断型客户、分析型客户和自我型客户。具体见表 5-1。

表 5-1　网店客户性格分类

序号	客户类型	分析
1	友善型客户	性格随和，对自己以外的人和事没有过高的要求，具备理解、宽容、真诚、信任等美德，通常是企业的忠诚客户
2	独断型客户	异常自信，有很强的决断力，感情强烈，不善于理解别人；对自己的任何付出一定要求回报；不能容忍欺骗、被怀疑、怠慢、不被尊重等行为；对自己的想法和要求一定需要被认可，不容易接受他人的意见和建议；通常是投诉较多的客户
3	分析型客户	情感细腻，容易被伤害，有很强的逻辑思维能力；懂道理，也讲道理；对公正的处理和合理的解释可以接受，但不愿意接受任何不公正的待遇；善于运用法律手段保护自己，但从不轻易威胁对方
4	自我型客户	以自我为中心，缺乏同情心，从不习惯站在他人的立场考虑问题；绝对不能容忍自己的利益受到任何伤害；有较强的报复心理；性格敏感多疑；时常以"小人之心度君子之腹"

（二）按消费购买行为分类

按消费购买行为分类，网店客户可以分为交际型、购买型、礼貌型、讲价型、拍下不买型。具体见表 5-2。

表 5-2　网店客户消费购买行为分类

序号	客户类型	分析
1	交际型	有的客户很喜欢聊天，先和客服人员聊了很久，聊得愉快了就到店里购买商品，不仅成交了货物，更是和客服人员成了朋友
2	购买型	有的客户直接买下商品，很快付款，收到商品后不出意外一般不会主动和客服人员联系，直接给予好评，对客服人员的热情相对比较冷淡

续表

序号	客户类型	分析
3	礼貌型	本来因为只想买一件商品和客服人员发生了联系,如果客服人员热情如火,在聊天过程中运用恰当的技巧,他会直接到店里再购买一些商品;如果售后服务到位了,他或许还会到店里来
4	讲价型	比较喜欢讲价,整个聊天过程都贯穿着价格,很难令她(他)满意
5	拍下不买型	对于喜欢的商品直接拍下,但是在付款的时候便开始犹豫不决,经常会出现拍下但是迟迟不付款的情形

(三)按网店购物者常规类型分类

按网店购物者常规类型分类,网店客户可以分为初次上网购物者、勉强购物者、便宜货购物者、"手术"购物者、狂热购物者、动力购物者。具体见表5-3。

表5-3 网店客户常规分类

序号	客户类型	分析
1	初次上网购物者	这类客户在试着领会电子商务的概念,他们的体验可能会从在网上购买小宗的安全种类的物品开始。这类客户要求界面简单、过程容易
2	勉强购物者	这类客户对安全和隐私问题感到紧张。因为有恐惧感,他们在开始时只想通过网站做购物研究,而非购买
3	便宜货购物者	这类客户广泛使用比较购物工具。这类客户没有品牌忠诚度,只要最低的价格。网站上提供的廉价出售商品,对这类客户最具吸引力
4	"手术"购物者	这类客户在上网前已经很清楚自己需要什么,并且只购买他们想要的东西。他们的特点是知道自己做购买决定的标准,然后寻找符合这些标准的信息,当他们很自信地找到了正好合适的产品时就开始购买
5	狂热购物者	这类客户把购物当作一种消遣。他们购物频率高,也最富于冒险精神。对这类客户,迎合其好玩的性格十分重要
6	动力购物者	这类客户因需求而购物,而不是把购物当作消遣。他们有自己的一套高超的购物策略来找到所需要的物品,不愿意把时间浪费在搜寻物品上

案例 5-1

天猫"双十一"直播:消费者购物狂热

从2013年开始,国外媒体开始大规模报道中国的"光棍节"网络促销活动。2014年11月11日,是阿里巴巴在美国上市后的首个"光棍节",国外媒体更是加大了对这一全球最大网购日的报道，并增加了对更多海外品牌进入中国这一趋势的关注。

一、BBC：消费者的购物热情简直疯狂

英国BBC以《中国双十一购物狂欢节再创纪录》的文章报道称，2014年的"双十一"网购活动开始，仅阿里巴巴一家公司的数据显示，刚刚开始的3分钟里，销售额超过10亿元人民币。

"有评论称，消费者的购物热情可以用疯狂来形容。"报道称，阿里巴巴旗下的中国最大网络电商"天猫"的数据显示，在网购活动开始的40分钟时间内，销售额突破了100亿元，而2013年，冲到100亿元用了5小时49分。

文章特别解释道，"双十一"即每年的11月11日，又被称为"光棍节"，是一个流行于中国年轻人中的娱乐性节日。从2009年开始，每年11月11日，淘宝、京东等中国大型电子商务网站都利用这一天进行大规模的促销活动。现在这一天逐渐成为中国互联网领域开展大规模商业活动的日子。

"有数据显示，11月10日晚上6点以后无线端的流量飞速上升，阿里集团首席运营官张勇分析认为，此时的消费者大部分已经踏上了回家的归程，正在公交或者地铁上选购商品。因此预计认为，2014年无线端的参与度将是空前的。"文章称。

文章援引IT媒体发布的《2014年双十一购物App分析报告》预计，2014年淘宝"双十一"销售额预计将达到637亿元人民币。

二、华尔街日报："光棍节"交易量水分有多大？

美国《华尔街日报》则关注"光棍节"交易量的准确度。文章称，对电子商务企业来说，网上交易额（常被称作毛商品价值量GMV）是其市场份额是否在增大的标志。但如果算上未付款交易、退货和取消订单的情况，这个标准也不是那么准确。阿里巴巴、京东商城和eBay等业内领先公司的情况就是这样。这意味着如果消费者购买某件产品但后来又改变了主意，这些交易还是可能被算进GMV里。

三、文章发问：如果剔除退货和取消订单，电子商务公司的交易额应当是多少？

"中国光棍节（相当于美国的黑色星期五或网络星期一）可能让人看出一点端倪。"研究公司Gartner Inc.分析师沈哲怡说，"据行业估计，2013年光棍节约有25%的网购商品被退货。"她说，中国电子商务公司的GMV也存在同样幅度的夸大。同时，据巴克莱分析师AliciaYap称，中国全年网购退货率约为20%。

文章称，控制着中国约80%网购市场的阿里巴巴说，其"光棍节"退货率低得多，占总销售额的比例不到10%。这家电子商务巨头并不披露全年交易取消或退货的百分比。其他电子商务公司也不公布这类数据。每家电商对GMV的定义不太一样，所以很难进行行业内的横向比较。

目前，图书销售网站当当网是少数几家披露剔除退货和取消订单后净交易量的上

市电商之一。而亚马逊（Amazon）从来不公布 GMV。

不过，一些分析师称，缺乏 GMV 标准定义对他们来说并不是问题。Forrester Research 高级分析师 Vanessa Zeng 说，阿里巴巴与京东规模上相差很大，所以即便两家公司对 GMV 定义不同，他们也可以对两者的交易规模有一个大概的了解。

文章援引纪源资本（GGV Capital）管理合伙人童士豪的话说，对阿里巴巴来说统计难度更大，因为其平台上的大部分商品是由第三方卖家销售并发货的。这与亚马逊等电商不同，亚马逊网站上的商品大部分由亚马逊自己销售并发货。

四、CNET：阿里巴巴是如何把"1111"变成"$$$$"的？

"悲伤又孤独？阿里巴巴说，你可以在 11 月 11 日给自己买点什么。"科技网站 CNET 这样描述"光棍节"。

文章称，因为阿里巴巴，中国的"光棍节"已成为全球最大的网购日。根据研究机构 IDC 的预测，2014 年，阿里巴巴集团的销售额达到约 81.8 亿美元（约合 500.6 亿元人民币），比 2013 年增加 42%。

文章回顾称，"光棍节"源于 20 世纪 90 年代南京大学一群男大学生的玩笑。之所以叫"光棍节"，是因为最初只是男生过节，但此后这个日子跨越了性别。电商抓住了这个机会，5 年前，阿里巴巴开始推出"双十一"促销活动。2013 年，阿里巴巴旗下的网站的销售额是美国"黑色星期五"和"网络星期一"销售总和的两倍。

在阿里巴巴开创先例后，其他电商也追随潮流。文章称，亚马逊中国 2013 年也开始利用这个节日，2014 年继续，促销的品牌包括 Cressi、Withings 和 vivienne Westwood。

文章指出，阿里巴巴已经决定把"双十一"推广到全球，促销的国际品牌包括珠宝商 Blue Nile 和服装品牌 Juicy Couture。美国折扣零售店 Costco 2013 年 10 月也加入了天猫。

文章援引乔治城大学教授唐斯（Towns）的话说，"光棍节"促销在美国应该很容易推广，"因为这里有更多人未婚，更投入事业和独立的生活中，有很大的机会，如情人节"。

五、福布斯：今年海外品牌成亮点

美国《福布斯》网站也关注了阿里巴巴 2014 年推广海外品牌的力度。文章称，来自 20 多个国家的超过 200 个品牌加入了"光棍节"促销活动。中国消费者不仅可以通过淘宝和天猫购买海外商品，也可以通过支付宝在海外主要网店购物。

而在中国国内，文章称，2014 年的"光棍节"也成为京东、聚美优品、唯品会等主要电商厮杀的战场。

六、QZ："光棍节"值得商家这么拼吗？

美国新兴媒体 QZ 认为，尽管中国电商都铆足劲儿等备"双十一"，但这有时对零售商的伤害大于收入，特别是巨大的折扣会影响利润。

文章援引箱包商 Elle 的 CEO 布瑞恩·李（BrianLee）的话称，"双十一"的销售量占到其全年网上销售额的 15%，他们曾经提供过非常大的折扣。

阿里巴巴向参加"光棍节"促销的商家收取 3%~5% 的手续费，但这只是一部分，广告费并不便宜。为了推广自己在"光棍节"的活动，商家必须为更多的广告、人员配备等支付更多开支。而在"光棍节"前两周，这些商家反映，其线上和线下销售都明显下降，通常下降 50%。

尽管如此，商家还是愿意借"光棍节"争取新的消费者，提高品牌知名度。

文章最后表示，一些人担心，随着"光棍节"的热度会逐渐消退，消费者将对限量发售、发货延迟和网络抢购感到厌倦。"我觉得人们可能会习以为常，兴趣可能会比现在减少。"布瑞恩·李说。

二、面对不同类型客户的对待策略

不同客户类型应采用的策略见表 5-4。

表 5-4　不同类型客户应对策略

序号	客户类型	应对策略
1	友善型客户	提供最好的服务，不因为对方的宽容和理解而放松对自己的要求
2	独断型客户	小心应对，尽可能满足其要求，让其有被尊重的感觉
3	分析型客户	真诚对待，做出合理解释，争取对方的理解
4	自我型客户	学会控制自己的情绪，以礼相待，对自己的过失要真诚道歉
5	交际型客户	对于这种类型的客户，要热情如火，并把工作的重点放在这种客户身上
6	购买型客户	对于这种类型的客户，不要浪费太多的精力，如果执着地和他（她）保持联系，他（她）可能会认为是一种骚扰
7	礼貌型客户	对于这种客户，尽量做到热情，能多热情就做到多热情
8	讲价型客户	对于这种客户，要坚持始终如一，保持微笑
9	拍下不买型	可以忽略，因各自性格决定采取的方式，不能说哪个好，哪个不好
10	初次上网购物者	产品照片对说服这类购买者完成交易有很大帮助
11	勉强购物者	对这类客服，只有明确说明安全和隐私保护政策才能够使其消除疑虑，轻松面对网上购物
12	便宜货购物者	网站上提供的廉价出售商品，对这类客户最具吸引力

续表

序号	客户类型	应对策略
13	"手术"购物者	快速告知其他客户的体验和对有丰富知识的操作者提供实时客户服务,会吸引这类客户
14	狂热购物者	对这类客户,为了增强娱乐性,网站应为他们多提供观看产品的工具、个人化的产品建议,以及像电子公告板和客户意见反馈页之类的社区服务
15	动力购物者	优秀的导航工具和丰富的产品信息能够吸引此类购物者

只有了解了网店客户的类型才能采用相应的策略,并采用相应的关联销售,这样能达到事半功倍的效果。

案例 5-2

关联销售的启示

买家和客服的沟通记录如图 5-1 所示。

当客服看到客户已经拍下辣味牛肉干时,由此判断客户喜欢吃辣味的零食,所以马上按照客户的喜好和需求推荐另一款川辣味的猪肉脯。当客户表示担心一次买的量太多吃不完的时候,客服马上站在客户的角度为他考虑,先说明这两款商品实际的量并不算太多,并且因为好吃所以一般一次吃一包才刚刚过瘾。解决了这个关于量的问题以后,接着再有技巧地"推了"客户一把,就是抓住买家在网络购物时最关心的邮费问题,告诉客户买两包是可以免邮费的,而省下的邮费相当于半包肉脯,所以最终他的推荐能被客户接受。在了解客户的基础上进行营销,可以达到事半功倍的效果。

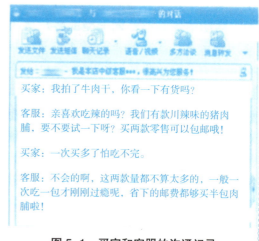

图 5-1 买家和客服的沟通记录

第二节　电子商务客户关系管理

课堂讨论

电子商务企业发展的核心在于客户，怎样在现有的客户基础上开发新客户是现有电子商务企业管理人员的新问题。那么你觉得我们怎么对现有客户进行维护，并在此基础上能够开发新的目标客户呢？

一、客户关系管理概述

（一）客户关系管理的概念

客户关系管理，其主要含义就是通过对客户详细资料的深入分析，来提高客户满意程度，从而提高企业的竞争力的一种手段。客户关系管理的核心是客户价值管理，通过"一对一"营销原则，满足不同价值客户的个性化需求，提高客户忠诚度和保有率，实现客户价值持续贡献，从而全面提升企业盈利能力。

知识链接 5-1

客户关系管理

客户关系管理首先是一种管理理念，起源于西方的市场营销理论，产生和发展在美国。其核心思想是将企业的客户（包括最终客户、分销商和合作伙伴）作为最重要的企业资源，通过完善的客户服务和深入的客户分析来满足客户的需求，保证实现客户的终身价值。

客户关系管理又是一种旨在改善企业与客户之间关系的新型管理机制，它实施于企业的市场营销、销售、服务与技术支持等与客户相关的领域，要求企业从"以产品为中心"的模式向"以客户为中心"的模式转变，也就是说，企业关注的焦点应从内部运作转移到客户关系上来。

客户关系管理也是一种管理软件和技术，它将最佳的商业实践与数据挖掘、数据仓库、一对一营销、销售自动化以及其他信息技术紧密结合在一起，为企业的销售、客户服务和决策支持等提供了一个业务自动化的解决方案。

（二）客户关系管理的核心

客户关系管理实质上是一种"关系营销"。一般来说，企业的经营目的分为短期效益（扩大销售量）和长期的可持续发展（建立和维持品牌知名度）两个方面，面对这两个都非常关键的经营问题，以往的营销理论很难同时兼顾企业对二者的需求，这也导致了大多数中小企业在面临生存问题时放弃了企业已有的战略规划；而大企业为了长久的布局也不得不在一段时间内用牺牲效益来换取发展。

在这种两难的处境下，关系营销成为越来越受人们关注的整合营销方式，其内容就是把企业营销活动看成企业与客户发生互动作用的过程，其核心是建立和发展与这些客户良好的关系。与以往只注重吸引新客户、达成一次交易的"交易营销"相比，"关系营销"更注重保留客户，并与客户建立长期稳定的关系，使客户成为一个企业稳定发展的消费群体，在完成企业短期效益的同时，积累企业的长期客户群体，并通过一定的营销手段扩大用户群体的消费频率，这样既可以满足短期效益需求，又可以兼顾企业的长期品牌战略布局。

"关系营销"与"交易营销"的比较见表5-5。

表5-5　关系营销与交易营销

关系营销	交易营销
专注重视客户	注重一次性交易
高度重视客户利益	以产品功能为核心
着眼于长期关系	着眼于当前销售
强调客户服务	不太重视客户服务
很多的客户承诺	有限的客户承诺
所有部门都关心产品和服务质量	质量首先被看作生产问题

（三）客户满意度与客户忠诚度

客户满意度是指客户通过一个产品或服务的可感知的效果，与他的期望值相比较后形成的愉悦或失望的感觉状态。客户忠诚度是指质量、价格、服务等诸多因素的影响，使客户对某一企业的产品或服务产生感情，形成偏爱并长期重复购买该企业产品或服务的程度。可以说客户满意度是一种态度，而客户忠诚度是一种行为。客户满意度与客户忠诚度形成的过程如图5-2所示。

当客户购买产品或接受服务时，如果感知结果与期望相符，一般会出现两种状态：一种是客户因实际情况与心理期望值基本相符而表示"比较满意"；另一种是客户会因对整个购买决策过程没有留下特别印象而表示"一般"。所以处于这种感受状态的客户很有可能重复同样的购买经历，也有可能选择该企业的竞争对手的产品或服务。

如果感知结果超过期望，那么意味着客户获得了超过期望的满足感受，客户会十分满意或愉悦。显然，感知超过期望越多，客户的满意程度就越高，而当感知远远超过期望时，满意就演变成了忠诚。

第五章 电子商务客户的分析与客户关系管理

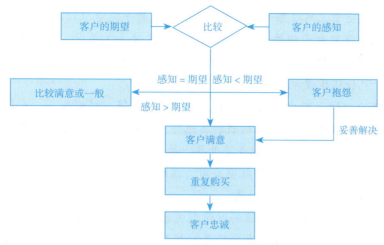

图 5-2 客户满意度与客户忠诚度形成的过程

当感知低于期望时，则客户会感到失望和不满意，甚至会产生抱怨或投诉，但如果对客户的抱怨采取积极措施妥善解决，就有可能使客户的不满意转化为满意，甚至使其成为忠诚的客户。

案例 5-3

新加坡航空——两个忠诚度创造非凡的价值

如何通过高质量的产品或者服务保持客户的忠诚度，这是一个令众多公司绞尽脑汁、冥思苦想的问题，因为忠诚的客户往往会带来高额的商业利润。不可否认，享誉世界的新加坡航空公司（以下简称新航）无疑是有资格回答这一问题的公司之一。

一、关注客户——优质服务塑造客户对公司的忠诚度

"不管你是一名修理助理，还是一名发放工资的职员，或者是一名会计，我们能有这份工作，那是因为客户愿意为我们付费，这就是我们的'秘密'。"新航前总裁 Joseph Pillay 在创业伊始就不停地以此告诫员工，塑造和灌输"关注客户"的思想。事实上，正是持之以恒地关注客户需求，尽可能为客户提供优质服务，新航才有了今天的成就。

在长达 32 年的经营中，新航总是果断地增加最好的旅客服务，特别是通过旅客的需求和预测来推动自身服务向更高标准前进。早在 20 世纪 70 年代，新航就开始为旅客提供可选择餐食、免费饮料和免费耳机服务；20 世纪 80 年代末，新航开始第一班新加坡至吉隆坡之间的"无烟班机"；1992 年年初，所有飞离新加坡的新航客机都可以收看美国有线电视网络的国际新闻；2001 年，新航在一架从新加坡飞往洛杉矶的班

机上首次推出了空中上网服务——乘客只需将自己的手提电脑接入座位上的网络接口，就可以在飞机上收发电子邮件和进行网上冲浪。在过去3年内，新航花费将近4亿元提升舱内视听娱乐系统，为将近七成（所有远程飞机）的飞机换上这个系统，花费了大量资金提升机舱娱乐设施和商务舱座位服务质量。

随着竞争的加剧，客户对服务的要求也像雨后春笋一样疯长，"人们不仅仅把新航和别的航空公司做对比，还会把新航和其他行业的公司从多个不同的角度进行比较"。为了在竞争中保持优势地位，新航成了世界上第一家引入国际烹饪顾问团（International Culinary Panel，ICP）和品酒师的航空公司，该顾问每年为新航提供4次食谱和酒单服务。硬件只是基础，软件才是真功夫。

当然，服务的一致性与灵动性同时受到关注。例如，怎样为一个有十三四个人的团队在每次飞行中提供同样高标准的服务？新航在对服务进行任何改变之前，对所有的程序都会精雕细琢，研究、测试的内容包括服务的时间和动作，并进行模拟练习，记录每个动作所花的时间，评估客户的反应。

二、向内"吆喝"——培育员工对公司的忠诚度

所有培养客户忠诚度的理念文化、规章制度都需要人来执行。这就意味着，如果新航内部员工没有对公司保持足够的满意度和忠诚度，从而努力工作，把好的服务传递给客户，那么，客户的忠诚度将无从谈起。

注意倾听一线员工的意见，关注对员工的培训，这些都是新航能够在市场上取得优异表现的根本所在。换句话说，只有内部员工对企业忠诚，才能使外部客户对企业忠诚。

"新航对待员工的培训几乎到了虔诚的地步！"在以动态和专注于培训而闻名的新航，从上到下，包括高级副总，每个人都有一个培训的计划，一年会有9000名员工被送去培训。新航所属的新加坡航空集团有好几个培训学校，专门提供几个核心的职能培训：机舱服务、飞行操作、商业培训、IT、安全、机场服务培训和工程。即使在受到经济不景气打击时，员工培训仍然是新航重点优先投资的项目。假如你完成了很多培训课程，就可以休息一段时间，甚至还可以去学习一门语言，做一点儿新的事情，其目的是"使员工精神振奋"。

注意倾听一线员工的意见是新航的另一个传统，因为他们认为机组人员和乘客的接触是最紧密的，他们是了解客户的"关键人物"。

新航不仅致力于为客户提供优质的服务，而且通过各种方式力求控制服务成本与商业利润之间的平衡。的确，新航希望提供最好的座椅、最好的客舱服务、最好的食物以及最好的地面服务，但是它同时还要求代价不能太高。

1972年，新航还只是一个拥有10架飞机的小型航空公司，如今，几乎每年新航都会获得各种世界性的营销服务大奖，也一直是世界上盈利较高的航空公司之一。对

于这家保持30多年领先并总是能够获得丰厚利润的航空公司来说，成功的原因可能很多，但是，"致力于培养员工和客户对企业的忠诚度"无疑是其中一个重要的答案。

（四）电子商务环境下客户关系管理的特点

在传统环境下，由于企业内部各部门业务运作的独立性，客户信息的收集比较分散，信息共享度低，所以客户关系管理的成效不明显。电子商务环境下的客户关系管理，有效地实现了客户信息收集、分析、开发和利用的整合，它具有以下新特点。

1. 信息的共享性

客户关系管理系统（Customer Relationship Management System，CRMS）将企业内部原来分散的各种客户信息进行了格式的规范处理，形成了正确、完整、统一的客户信息，为各部门所共享，确保了客户与企业任何一个部门打交道都能得到一致的信息。

2. 服务的针对性

客户与企业交往的各种信息都存储在企业的数据库中，利用客户关系管理系统的客户数据挖掘与客户需求智能分析，准确判断客户的需求特性，最大限度地满足客户个性化的需求，有的放矢地开展客户服务，提高客户的满意度与忠诚度。

3. 服务的及时性

电子商务的基础是计算机与信息网络技术，其最大特点就是高速，可以进行实时信息传递。因此，在电子商务环境下，当客户有相关服务要求或信息反馈产生时，如在网上进行产品相关信息咨询或订单提交以及问题反映，企业就可以及时进行答复和处理。

4. 交流方式的多样性

客户既可选择电子邮件、电话、传真等方式与企业联系，又可以选择QQ、微信、旺旺等在线聊天工具与企业联系，还可通过企业网站专门设置的FAQ与企业联系。无论采取哪种方式，客户都能得到一致的答复，因为企业内部的信息处理是高度集成的。

知识链接 5-2

网络时代客户忠诚度的影响因素

网络时代消费者足不出户，而可选择的商品却更加丰富多样，客户忠诚度越发难以维系。影响网络时代客户忠诚度的因素有哪些呢？

一、产品及服务质量

在市场经济条件下，产品非常丰富，消费者选择空间非常大，而消费者考虑最多的是产品的质量。也就是说，客户所忠诚的更多的是企业所提供的产品价值，而不是企业本身。

服务作为产品整体概念中的一个重要部分，是整个产品销售中不可或缺的一环。

在网络竞争日趋激烈的情况下,除了产品本身要有过硬的质量外,优质的服务也是影响客户满意的重要因素。因为优质的服务除了能让客户有舒服和满意的感觉外,也有力地起到了挽留客户的作用。网络服务质量的提高,可以改善网络客户对产品的认识,从而提高客户总体满意度,继而使得客户的购买倾向提高,如更强的重复购买意愿、增加使用量、良好的口碑宣传等。购买倾向的提高又会导致忠诚行为,最终带来盈利和财务绩效的提升。高质量的服务的确是难以模仿和复制的,服务的不可替代性能够大大地增强客户的忠诚度。

二、产品价格

消费者选择网上购物大多是因为网上购物的价格相对于传统购物价格来说比较便宜,人们永远希望能够买到物美价廉的产品。花更少的钱享受更多更好的服务是每个消费者的愿望。由于网络的便利,许多消费者会通过对各个商家的产品及其价格进行比较,从而选择更能提供符合自己要求的商家。如果竞争对手的产品价格比较优惠,消费者就会选择竞争对手的产品,这也就意味着客户的忠诚度降低甚至客户转移。

三、转换成本

转换成本是客户改变原消费选择时要付出的成本,既包括货币成本,也包括时间、精力和心理等非货币成本。在市场营销理论中,低水平满意关系中的转换成本可成为一种退出障碍;当满意水平不断上升时,消费者面对的转换成本也将不断增加,达到较高水平。转换成本越高,客户对企业的行为忠诚度越高。

四、风险因素

客户的忠诚感与其感知的购买风险有关。感知的购买风险指客户感觉到的购买某种产品或服务可能带来的风险。它主要包括社会风险、财物风险、时间风险、心理风险、身体风险。由于通过网络无法接触到商品实体,目前的技术很难完全过滤掉虚假、过时信息,再加上网络监管法规制度的不完善,客户在网上购物可能面临较大的购买风险,特别是有关商品质量方面的风险。因此,从这个角度分析,客户降低购买风险,很有可能购买以前曾经消费过的品牌产品,这样就倾向于对某个品牌忠诚,容易增强品牌忠诚感。

五、配套服务及沟通的便利性

网络销售必须提供完善的配套服务。网络销售说到底既是销售商品,也是销售服务。因为它无须客户走出家门,就可将其所需要的商品送到家中,这里包含了商品配送和资金结算等一系列的配套服务。如果配送系统不完善,结算方式太麻烦,客户就有可能因购买上的不方便而流失。除了配送和结算等服务外,提供商品目录、介绍使用和保养方法以及提供售后服务等都是增加客户满意度、培育客户忠诚度的重要方式,在网络销售中千万不可忽略。在网络销售中,客户主要是通过某种沟通方式来了解企业所提供的商品或服务信息的,并通过同样的沟通方式向企业订购商品。除了通过网络进行网上销售之外,邮购、电话订购等都属于这类销售方式。所以,沟通方式越便利、越普及,客户利用的可能性就越大,从而也就越有利于客户忠诚度的培养。

六、宣传和包装

网络销售必须进行宣传和包装。同其他销售方式一样,没有广泛的宣传,商品不可能被客户认识和接受。然而在网络销售的包装和宣传中,商品的宣传并不是最重要的,更重要的是要宣传企业的配套服务、企业的良好信誉以及企业的文化内涵。要充分了解客户之所以选择网络购物,并非因为用其他方式买不到相同的商品,而是因为网络销售能提供给他们高度的便利、良好的服务和可靠的信誉。谁在这些方面做得好,大部分客户就会跟着谁跑。所以在这些方面进行积极的包装和宣传,就可能赢得更多忠实的客户。

二、如何进行客户关系管理

(一)收集客户资料——建立客户档案信息

对在网店产生过购买行为的客户,应及时将他们的个人信息和消费情况进行整理汇总,作为重要的客户资料登记在册。建立了客户信息档案,就可以随时查询客户的消费记录,可以从他们的购物清单和购物频率等信息中分析其消费习惯及消费偏好,以便调整经营方向,提高服务水平,针对客户的需求及时开展各种促销宣传和个性化的推广活动。建立客户信息档案时,可以自行设计 Excel 表格来录入客户资料,也可以从网上下载"网店管家"一类的软件来进行专门的客户资料管理。

1. 用 Excel 表格建立客户档案

建立 Excel 客户档案的好处是,操作灵活方便,不需要联网也可以随时调取和运用,只要有基本的电子表格操作基础,就可以很好地进行批量录入和编辑。制作 Excel 表格时可以采用如图 5-3 所示的 Excel 表格样式。

客户档案表									
交易日期	用户名	真实姓名	联系电话	E-mail	收货地址	成交金额	会员级别	赠品	备注
2019年5月 日	灿烂的小花	张三	78888888	cldxh@126.com	广东省××市	288.91	星级会员		
2019年8月 日	H0998	李四	79999999	H099@126.com	湖南省××市	1200	皇冠会员		

图 5-3 客户档案表

2. 利用软件收集客户数据

客户管理软件现在是每一个商业经营者都会关注的客户关系维护数据库。很多网站可以提供免费的客户关系管理软件，但大多数比较实用的软件都需要付费。下面以"美萍客户管理系统"为例进行介绍。

用户可以自行下载"美萍客户管理系统"并进行安装和登录，如图 5-4 所示。

图 5-4　美萍客户管理系统登录界面

登录之后的界面如图 5-5 所示。

图 5-5　客户往来界面

在"请输入客户名称编号查询："文本框中输入客户名称、编号即可查询该客户的相关信息。例如，输入客户编号"001"，可以获得该客户的类型、级别、状态、消费总额等信息，如图 5-6 所示。

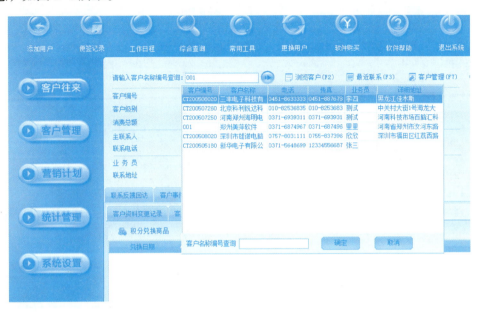

图 5-6　客户信息查询结果

在"客户管理"中可以添加新客户，进入"客户管理"界面，如图 5-7 所示。选择"客户资料管理"选项，弹出"客户资料管理"对话框，如图 5-8 所示。

图 5-7　客户管理界面

图5-8 "客户资料管理"对话框

单击"添加"按钮,添加客户资料,如图5-9所示。

图5-9 添加客户资料

案例 5-4

聚沙成塔——Google 和亚马逊的成功秘诀

传统网络广告投放只是大企业才能涉足的领域，许多门户网站的网络广告策略将注意力集中在 20% 的大企业身上，而占据了 Google 半壁江山的 AdSense 广告面向的客户是数以百万计的中小型网站和个人。对于普通媒体和广告商来说，这个群体的微小价值简直不值一提，但是 Google 通过为其提供个性化定制的广告服务，使得大批中小网站都能自动获得广告商投放广告，将成千上万的中小企业和中小网站汇聚起来，形成了非常可观的经济利润，其产生的巨大价值和市场能量足以抗衡传统网络广告市场。

网络零售巨人亚马逊经营的图书种类繁多，但亚马逊不仅仅关注那些可以创造高利润的少数商品，在亚马逊网络书店的图书销售额中，有 1/4 来自图书榜排名 10 万名以后的"冷门"书籍，而且这些书籍的销售比例也在不断提高。结果证明，亚马逊模式是成功的，而那些忽视长尾，仅仅关注少数畅销商品的网站经营状况并不理想。

2. 客户关怀

因为网络经营的特点，客服人员一般情况下见不到客户本人，在与客户交往的过程中，应该尽量让客户感受到客服人员的关心，通过点点滴滴的关怀，让客户感受到网店经营者的诚意和爱心。

（1）温馨提示。

在交易过程中，卖家可以将重要环节的处理过程和交易状态及时通知买家，并提醒买家处理相应的流程。例如，通过手机短信、阿里旺旺留言，通知买家发货时间、物流状态、确认收货、使用注意事项等。买家能够及时收到关于订购商品的在途信息，也就会提高对卖家的信任度。在对方收到货之后，及时提醒使用时的注意事项和售后服务的要求以及进行后期跟踪提醒等，能够极大地促进双方的长期合作。

（2）节日问候。

通过电子邮件、交流平台或手机短信等方式，在任何节日及时送上网店署名的小小问候，更加能够让客户体会到商家的真诚和关爱。

（3）生日祝福。

在能够获得生日信息的客户生日当天，以各种关怀方式发送网店的生日祝福，能够给客户一份暖心的感受，同时可以采取一些营销的技巧，如生日当天购买商品给予优惠等，也能够吸引一部分老客户再次光顾。

（二）搜寻网店潜在目标客户

在如今这个竞争激烈的市场中，想要吸引新客户，留住老客户，必须对客户进行搜寻和挖掘，不能理所当然地认为客户走进自己的店或者购买过自己的商品就能成为终身客户。他最终选择的是自己的商品、质量和服务。商品和质量不在客户服务的范畴，而提高服务质量是一项系统工程，所以客服人员应该主动搜寻网店目标客户，并在此基础上进行客户管理才能达成效果。

案例 5-5
尿布与啤酒——数据仓库和数据挖掘的经典故事

美国著名信息工程专家威廉·英蒙（William Inmon）博士在20世纪90年代初提出了数据仓库（Data Warehouse）的概念：一个用于支持管理决策的、面向主题的、集成的、随时间变化的但信息本身相对稳定的数据集合。数据仓库并不是所谓的"大型数据库"，而是在数据库已经大量存在的情况下，为了进一步挖掘数据资源、为了决策需要而产生的。在一家超市里，有一个有趣的现象：尿布和啤酒赫然摆在一起出售。这个奇怪的举措却奇迹般地使尿布和啤酒的销量双双提高。这不是一个笑话，而是发生在美国沃尔玛连锁店超市的真实案例，并一直为商家所津津乐道。沃尔玛拥有世界上最大的数据仓库系统，为了能够准确了解顾客在其门店的购买习惯，沃尔玛对其顾客的购物行为进行购物篮分析，想知道顾客经常一起购买的商品有哪些。沃尔玛数据仓库里集中了其各门店的详细原始交易数据。在这些原始交易数据的基础上，沃尔玛利用数据挖掘方法对这些数据进行分析和挖掘。一个意外的发现是，跟尿布一起购买最多的商品竟是啤酒！经过大量实际调查和分析，揭示了一个隐藏在"尿布与啤酒"背后的美国人的一种行为模式：在美国，一些年轻的父亲下班后经常要到超市去买婴儿尿布，而他们中有30%~40%的人同时也为自己买一些啤酒。产生这一现象的原因是，美国的太太们常叮嘱她们的丈夫下班后为小孩买尿布，而丈夫们在买尿布后又随手带回了他们喜欢的啤酒。

（三）店铺推广

想要把浏览量变成成交量，最根本的要求就是让目标客户成为自己店铺的浏览者，目标客户的浏览就是有效浏览，要想得到目标客户的有效浏览，如何推广很重要。一般应包含以下几个方面。

1. 网店推广吸引潜在客户

推广的意义不仅仅是直接带来店铺的销量，更重要的意义在于吸引更多人关注自己的产品、自己的店铺。如果持续地推广，可以挖掘更多的潜在客户。这和电视广告的作用类似。或许自己的产品广告第一次出现的时候，很多人都记不住，但当自己的广告总是持续不断出现的时候，就会在受众的心里留下印象。当某一天客户需要这个产品的时候，他可能第一个想到的就是记忆中的产品或店铺，或当他再一次看到广告时，很快就下了购买的决心。

2. 店铺装修、商品促销抓住潜在客户

店铺装修：给自己的店铺和商品陈列一个统一的风格，这个风格既要符合这个产品的

形象，更要符合该产品大多数目标客户的审美观，给客户留下深刻印象，并且使客户一想到该产品就能想到自己的店铺。

商品促销：在平时或者节假日可以给出适当的促销，刺激潜在客户的需求，让潜在客户产生购买欲望，将购买欲望转变成行动以后只需提高自己的服务质量和产品质量来留住客户就可以了。

维护老客户

对于淘宝卖家来说，如果一个店铺只靠引入新客户来维持店铺成交，那这个店铺永远不会做得很好，因为淘宝中的新客源是有限的，不可能有无限的新客户引入。所以卖家要把那些购买过的客户发展成店铺的老客户，这样店铺才会有源源不断的成交。

初次涉及老客户营销的朋友，最初可先对一部分老客户做营销，首先要对老客户进行精细化分类，通过一些维度来判断其是否为优质客户。注意：这里的优质客户不仅仅是由客单价来衡量的，如9.9元包邮的产品，一位客户买了30件；另一个是99元的产品，一位客户买了两件，虽然第二位的客单价低于第一位，但是第二位应该是相对优质的客户，卖家维护第二个客户所花的成本要低。

其次收集好客户的信息，做好详细的分类，把地域、爱好、联系方式等都记录下来，这样可方便后面的推广。卖家要细心地处理好每一位客户的信息，因为只有在细心地处理这些信息的过程中，卖家才会在这些信息中得到客户的需求和特点，针对这些特点和需求，做出一些有针对性的活动来吸引老客户进店购买。

最后就是利用手机、QQ群、短信、互动平台、邮件等来和客户互动。但要注意的是，卖家要做到关怀第一，给营销找一个理由，平时多发发祝福的话语，等适当的时候给客户发送一条营销信息，这样客户就会知道原来是这家店铺在做活动，再加上之前维护的客户对店铺的印象又很好，这样就很有可能促使客户进店购买。

对付"流氓插件"有5招

（1）不要登录一些不良网站，对有些声画充满诱惑的页面，不要因为好奇而尝试点击。

（2）不要下载一些不熟悉的软件。如果不是急需急用，最好不要下载安装。

（3）对于软件附带的用户协议和使用说明一定要认真看，不要盲目安装软件，否则等发现问题或想卸载时，这些软件已在计算机上制造了垃圾文件。

（4）不要随意下载一些免费软件或共享软件，天下没有免费的午餐，一些免费软件很可能存在安全问题。

（5）不要按照"流氓插件"指定的操作去做，如果不能取消这些操作，或者弹出的对话框始终在最前面，可以将其拖到屏幕边沿不予理会。也可以记下这类网站或网页的地址，注销当前用户或者重新启动计算机后，不再访问这些页面。

学会和掌握本章的内容能够使你在以后网店的经营过程中发现问题、解决问题，对网店客户的心理能够有正确的认识，学会在日常经营过程中和不同的客户保持不同的距离，并且在日常接待过程中能够快速识别不同类型的客户，针对不同类型的客户快速应变，达到最好的效果。

1.如果你是一个销售母婴类产品的客服，客户进来咨询的第一件产品是一个待产包，那么你会怎么接待这位客户并且进行产品推荐呢？

2.开动脑筋，讨论客户挖掘和客户关怀的措施与具体方法，并选取一种方法进行模拟演练。

3.在现实的客户挖掘中有很大一部分客户是由老客户转介绍过来的，如果你是一家鞋店的店主，你会用什么方式使得老客户转介绍率得到提高？

拓展阅读

最新客户关系管理综述

一、基于客户关系管理理念的研究

基于客户关系管理（CRM）理念的研究把 CRM 定义为一种管理理念，并在此基础上展开研究。CRM 的核心思想是将企业的客户（包括最终客户、分销商和合作伙伴）视为最重要的企业资产，通过完善的客户服务和深入的客户分析来满足客户的个性化需求，提高客户的满意度和忠诚度，进而保证客户终身价值和企业利润增长的实现。这方面学者往往从组织结构、企业文化、战略管理、核心竞争力等角度来研究。

1. 国外研究

20世纪90年代中期Gartner Group率先提出客户关系管理思想。Garther Group认为：CRM是企业的一项商业策略，它按照客户细分情况有效地组织企业资源，培养以客户为中心的经营行为及实施以客户为中心的业务流程，并以此来最大化企业的获利能力、收入及客户满意度。商业战略家和演讲家弗列德·威尔斯马在《客户联盟》中通过对大量国际上享有盛名企业的调查和细致研究，全面阐述了被这些成功企业大量运用并被证明是行之有效的新型商业运作模式——客户联盟，同时对客户关系管理及客户联盟的概念及关系做了深入的阐述；罗杰·卡特怀特的《掌握顾客关系》中指出：使客户满意已不再是最终目标，只有让客户感到愉悦才能带来回头客的生意，而这才是最重要的；品牌创建、发展和管理方面杰出的世界顶级专家保罗·唐波拉、马丁·特鲁特在《与客户亲密接触：通过客户关系管理实现品牌价值最大化》一书中，讨论了品牌建设中的CRM原理：想品牌获得成功，必须彻底转向以客户为中心，进行"结构思维的变化"，建立严格以客户为中心的公司，将所有精力放在客户身上，并给员工授权为客户提供好的服务。

2. 国内研究

国外先进管理理念的传入、信息时代的到来，为我国客户关系管理研究奠定了理论基础和技术支持。严格地说，CRM的理念全面在中国传播开始于1999年。1999年8月6日朗讯科技（中国）公司商业通信系统部在北京举办了以营造完美电信呼叫中心为主题的研讨会，介绍了其全新的客户关系管理（CRM）解决方案，并强调指出，商业部门必须着眼于客户关系，提供独具特色的个性化服务，才能在网络经济时代立于不败之地。1999年9月27日《计算机世界》报连载Oracle细说客户关系管理（CRM）的文章。陈旭研究了CRM的内涵和管理思想，分析了CRM的主要功能，辨析了CRM与SCM和ERP的关系，讨论了CRM的发展趋势；成栋、宋远方在研究当前各种客户关系管理的管理理论的基础上提出了客户关系管理的理论框架体系，以澄清客户关系管理与其他管理理论的关系；安实等分析了CRM的价值创造机理，指出目前对客户关系管理的应用研究忽视了CRM项目的理念基础和人的因素。

二、基于CRM管理机制的研究

CRM也被认为是一种旨在改善企业与客户之间关系的新型管理机制。

1. 国外研究

德国杜塞尔多夫市格弗罗伊及合伙人企业管理顾问公司总裁格弗罗伊（埃德加·K. 格弗罗伊）在《唯一干扰人的是顾客：以顾客关系网络替代营销》中介绍了与客户建立关系网络的完整途径，并首次提出将人际关系的所有接触点都可以归类为营销、销售和服务这三种前台业务流程的某一种；Ganesh等人对客户群进行了研究，指出在满意和忠诚行为方面因为不满意而变更供应商的客户与其他客户组有着显著的不同；Push探讨了通过感情传博程序捕捉客户感情的方法；Lemon等人提出了动态CRM的概念，采用了期望的将来使用价值和预期遗憾两个指标，将对将来的考虑与服务保留决策结合起来；Mentzer等人

阐述了对九种物流服务质量组成的经验性支持，通过四个客户群描述了它们的线性、有效性和可靠性；Homburg等人侧重从提供服务的次数、被服务客户数以及服务被强调的程度三个维度，以及外部环境、内部组织资源条件、客户特性三个方面的先行条件，研究了面向客户的分销商战略决策。

2. 国内研究

国内研究CRM较具代表性的机构CRCC（CRM Research Center of China）对客户关系管理理念、模式及应用方法进行了整合和创新，结合中国企业实际，率先创造性地提出了"中国客户关系管理方法论（China CRM Methodology）"，设计出了适合中国的CRM生态体系及"全流程先进管理"框架下的"三层制"客户关系管理架构，提出了中国企业应用CRM的"双e主导"结构，为各企业提供了中立、完整的CRM应用方法，以及清晰准确的CRM主要行业需求、产品方案和应用案例方面的科学建议；奚佩润和叶春明在《浅论提升企业客户关系管理能力的五项措施》中提出提升客户关系管理能力的五项措施，即企业文化变革、人力资源管理变革、组织结构的变革、数据挖掘技术的运用和绿色供应链伙伴的选择；张国安与孙忠在《客户关系管理与企业文化》中指出，CRM的策略视角强调创造客户价值的重要性，而这个观点在客户关系管理的其他研究视角中并没有清晰地提出来，只是有所暗示而已；王炳雪研究我国企业在CRM实施过程中，在观念、技术和方法等方面存在着问题，及这些问题对CRM作用的发挥与CRM推广的影响，进一步提出正确的实施程序是，在一位高层领导的负责下，进行需求分析，合理规范，从实际出发选取软件，分步实现，并引入有效的监理机制；路晓伟、张欣欣、蒋馥认为客户关系发展具有阶段性和周期性，可以过对客户关系发展的阶段进行定义，并构造客户在各个阶段状态之间转移的马尔可夫过程模型，应提出运用合理的客户关系管理手段，尽可能降低从客户关系发展的各个中间阶段转移到破裂期的可能性，从而保持客户，尽可能减少客户资源的流失。

综合以上研究内容，将CRM视为管理机制的研究主要从以下两方面展开：一方面，CRM要求以客户为中心来搭建新型企业管理系统，追求信息共享，完善客户需求快速响应机制，优化以客户服务为核心的工作流程；另一方面，贯彻和落实CRM理念和观念，使企业与客户保持一种卓有成效的"一对一"关系，建立客户驱动的产品/服务设计和向客户提供更快捷、更周到的优质服务，以吸引和保持更多的客户资源，因而是一套运行方法体系。

三、基于CRM管理软件和技术的研究

许多研究认为CRM也是信息技术、软硬件系统集成的管理办法和解决方案的总和。CRM将最佳的商业实践与数据挖掘、工作流、呼叫中心、企业应用集成等信息技术紧密结合在一起，为企业的销售、客户服务和决策支持等领域提供了一个智能化的解决方案，使企业有一个基于电子商务的面向商户的系统，从而顺利地实现由传统企业模式到以电子商务为基础的现代化企业模式的转化。

1. 国外研究

世界著名商业分析机构 Hurwitz&Associates 认为：CRM 的核心是自动化并改善销售、市场营销、客户服务和支持等与客户关系有关的商业流程。这一定义强调 CRM 的信息系统属性，一定程度上侧重于技术的角度。Reinllold Rapp 博士指出：CRM 是一套管理软件和技术；Winer 归纳了 CRM 的结构框架，认为 CRM 应该至少包括客户行为数据库、对上述数据库的分析、客户选择、客户捕捉、关系营销、私人交流和 CRM 项目成功与否的评判标准七个组成部分；目前，在这个领域内比较全面的当属 Ronald S. Swift 和 William G. Zikmund 等人的观点，他们认为数据仓库和数据挖掘都是 CRM 中不可或缺的重要内容，没有二者的结合应用，CRM 系统就不可能发挥其全部功效；著名的管理咨询公司 Yanke Group 指出尽管 CRM 与 ERP 通过不同途径去实现客户的价值，但能把企业前台管理与后台管理完全融合在一起的公司将最终取得成功。

2. 国内研究

李显君提出构建客户智能平台、客户交互平台和相关的企业生产平台；凌云峰、万晓介绍了基于 ERP 的 CRM 的基本原理，在此基础上引入三种当前流行的三层 B/S 开发模式，并且比较这三种开发模式的利弊，从而提出适合 CRM 的开发模式；韩光臣、王军强、孙树栋针对制造企业客户关系管理 CRM 与企业资源计划 ERP 系统信息集成问题提出了一种 CRM 与 ERP 系统信息集成模型，并利用 XML 表述数据，实现了基于 XML 的 CRM 与 ERP 的信息共享，使企业能够充分利用内部资源与外部资源，实现利润最大化；桂良军、薛恒新、黄作明比较了 BPR、ERP、SCM 与 CRM，并进一步提出几者有效集成的方法。在这些研究的基础上，又有西方学者提出 EPM（企业绩效管理）将成为未来企业管理的主要发展方向。

第六章 电子商务客户服务管理系统

【知识目标】
1. 了解选择电子商务客户服务系统的方法及其对企业的意义。
2. 掌握淘宝助理、千牛卖家工作台的使用方法。

【技能目标】
能够熟练使用电子商务客户服务系统进行客户服务管理。

【知识导图】

电子商务客户服务管理系统
├── 电子商务客户服务系统的使用
│   ├── 优质企业客户服务系统的选择
│   └── 企业使用电子商务客户服务系统的现实意义
└── 常用的电子商务客服管理工具
    ├── 淘宝助理
    └── 千牛卖家工作台

案例导入

迟迟不来的回复

启明公司最近急需采购一部数码相机,迟迟不来的回复由于时间紧急决定在网上采购,而这次的采购任务就落在了启明所在的部门。在了解所采购数码相机的配置以后,他们在几家大型电子商务网站上进行查询比较,结果发现京东网上缺货,苏宁易购价格较高,只有国美电器是最便宜的,因此他们决定在国美电器下订单。在下单之前启明想要咨询送货情况,在线客服窗口留言后对方迟迟没有回复,原本以为第二天会有回复,可是第二天依旧没有回复,这让启明作为客户非常不满。

思考：
(1) 电子商务客户服务系统对于电子商务企业来说重要吗？
(2) 电子商务客户服务系统在销售过程中起到了什么样的作用？

第一节　电子商务客户服务系统的使用

随着互联网的发展以及网络营销模式重要性的凸显，电子商务客户服务系统会成为网络营销的重要工具，也是提升企业网站形象、加强企业与访客互动的必备工具。

网页即时通信的技术和方式也越来越先进，未来主流将发展成为类似网页的边浏览页面边沟通的方式，即对话窗口就在被浏览的页面内，可最小化、最大化，快速、易用。沟通方式也越来越多样化，免费回呼电话、离线实时短信与访客对话等功能确保不流失任何潜在的销售机会。

一、优质企业客户服务系统的选择

电子商务客户服务系统将语音和真人视频查询、自助服务、人工服务紧密结合，使企业进销存、配送资源、供应链资源、客户资源等通过电子商务客户服务系统进行整合，建立起网络信息查阅及咨询的快速反应机制，增强客户群体与企业网的互动，实现资源的统一分配与利用。系统是一个开放的对话平台，企业网站客服人员与客户进行互动和协作，从而完成客户服务与客户关怀；同时，客服人员能够随时了解到网站内部的进销存状况，方便对商品和供应商的各项信息进行分析与掌握。

优质的电子商务客户服务系统必须要具备以下几个特点。

（一）安全稳定

把握住每条咨询，给予及时的反馈，必须选择稳定的电子商务客户服务系统。如果能正常地接待客户的咨询，必须要求电子商务客户服务系统稳定有效。电子商务客户服务系统经常出现中途卡机死机、频繁掉线、登录进程过久或登录不上、无法接收消息或无法发送消息等，则可认定所用电子商务客户服务系统不稳定。

（二）高速快捷

在线客服咨询图标是要立即呈现的，就是客户单击在线客服咨询图标后，对话框要以最短的时间出现（客户的耐心仅仅是几秒）。速度快人一秒，效益增长百倍，高速的电子商务客户服务系统会带来更多咨询。

（三）高效易用

部署电子商务客户服务系统不是一件一蹴而就的事，而让培训客服人员如何使用好电子商务客户服务系统则需要花费一定的人力和成本，客服人员如果很难熟练操作所用的电子商务客户服务系统，将会影响公司的在线咨询效率，损失很多咨询量，加上客服人员较大的流动性，公司需要不断地增加培训投入，这是一个恶性循环。易用不仅是衡量一个软件优劣的标准，更涉及成本控制的问题，公司更需要一个易用的电子商务客户服务系统。

二、企业使用电子商务客户服务系统的现实意义

企业网站使用电子商务客户服务系统的现实意义主要表现在以下几方面：

（1）提升购物网站形象，彰显门户网站的实力。

（2）有利于企业网站的宣传，拓展客户群体和挖掘潜在客户群体。

（3）加强与客户的联系，提升客户忠诚度。

（4）提高企业内部管理效率及员工满意度。

（5）24小时在线服务，保证客户服务的连续性。

（6）增强与客户的互动联系是购物网站争夺客户的有效武器。

（7）多方面降低购物网站的管理和运营成本。

（8）良好的售后服务与沟通机制让客户免去后顾之忧，提高网上成交率。

电子商务客户服务系统作为企业网站的客户服务和主动营销工具，具有主动营销、客服支持及客户关系管理方面的功能。结合各类统计数据及历史资料，可以使企业针对每一位网站页面的访客建立档案以便提供个性化服务，达到变访客为客户的营销目的，使公司形象更为专业化。客户通过企业网站电子商务客户服务系统咨询或者电话咨询，电子商务客户服务系统对客户信息进行统一管理和维护更新，极大地方便了电子商务企业进行高效的客户关系维护。

第二节　常用的电子商务客服管理工具

一、淘宝助理

淘宝助理是一款免费上传和管理商品的店铺管理工具，如图6-1所示，它具有宝贝管理、交易管理与图片空间管理等功能。

淘宝助理的主要功能有：

（1）快速创建新商品。

（2）批量编辑商品信息。

（3）批量导入与导出商品信息。

（4）批量下载订单。

（5）批量打印发货单与快递单。

（6）方便快捷的图片管理。

（7）批量发评等。

(a) 我的助理界面

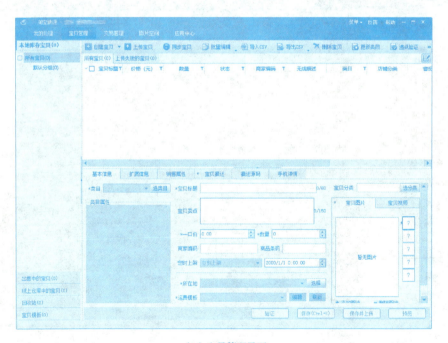

(b) 宝贝管理界面

图 6-1　淘宝助理主要操作界面

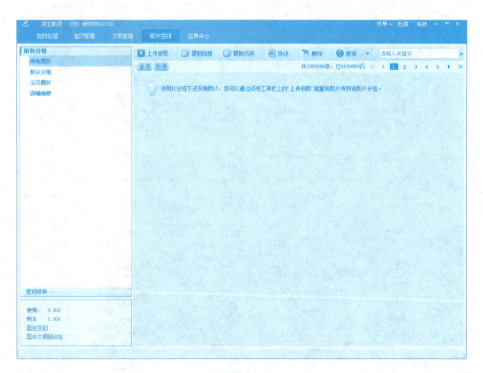

（c）交易管理界面

（d）图片空间界面

图 6-1（续）

（e）应用中心界面

图 6-1（续）

（一）导入数据包

步骤一：进入"我的助理"页面，单击"库存宝贝"按钮。

步骤二：在空白处右键单击，单击"从 CSV 文件导入（增加为新宝贝）"按钮。

步骤三：选取要导入的数据包，单击"打开"按钮。

注：只有后面以".CSV"为后缀名格式的文件才可以导入。

（二）导出数据包

步骤一：登录淘宝助理后，进入"我的助理"页面，单击"库存宝贝"按钮。

步骤二：鼠标随便放在一个宝贝上，然后单击鼠标右键，在弹出的快捷菜单中选择"全选"选项。

步骤三：接着再次单击鼠标右键，在弹出的快捷菜单中选择"勾选"选项。

步骤四：单击"CSV 导出"按钮，导出 CSV 文件。

步骤五：选择文件存放位置，给文件夹取名。

注：导出后会出现两个文件，如图 6-2 所示。其中一个是普通的文件夹，还有一个是

以 CSV 为结尾的文件。普通的文件夹是存放宝贝图片的，另一个文件是存放宝贝数据信息的文件。

图 6-2　导出后的数据包

（三）批量上传宝贝

步骤一：登录淘宝助理后，进入"我的助理"页面，单击"库存宝贝"按钮。
步骤二：选取需要批量上传的所有宝贝，在所要上传宝贝的标题前的方框中打上钩。
步骤三：单击"上传"按钮。
步骤四：选择图片存放的类别。
步骤五：单击上传，完成后单击"关闭"按钮。

二、千牛卖家工作台

千牛卖家工作台是网店管理的综合性平台，整合了网店日常管理的多个接口，是淘宝网店运营的必备工具，如图 6-3 所示，包含着聊天、消息、插件、市场和网址五个功能模块。

图 6-3　千牛卖家工作台操作界面

（一）聊天功能模块

如图 6-4 所示，聊天功能模块是网店与客户交流的旺旺工具软件的接口，整合了旺旺工具软件的功能。

（二）消息功能模块

如图 6-5 所示，消息功能模块汇集了网店的各种消息，主要包括生意参谋中的提示消息以及交易消息、规蜜消息、任务消息、退款消息、商品消息等。

第六章 电子商务客户服务管理系统

图 6-4 旺旺功能界面

图 6-5 消息中心界面

131

（三）插件功能模块

如 6-6 所示，插件功能模块实际上是网店在日常管理过程中的一些工具软件的接口，卖家也可以在这个功能模块中寻找网店日常管理时需要用到的一些后台工具软件。

图 6-6　插件中心界面

（四）市场功能模块

如图 6-7 所示，市场功能模块可以帮助卖家查找网店日常管理时所需要的一些付费网店管理工具，它实际上是淘宝服务市场的一个接入口。

图 6-7　服务市场工具选择窗口

（五）网址功能模块

如图 6-8 所示，网址功能模块包含着宝贝管理、店铺管理、货源中心、营销中心、交易管理以及其他一些网店管理接入口，它的主要作用是网店的日常管理。

最近使用
发布宝贝

宝贝管理
发布宝贝　已买到宝贝　出售中宝贝

店铺管理
卖家中心　交易管理　我的店铺　店铺装修　图片空间
购买的服务　手机店铺　保证金管理　金牌卖家

货源中心
供销平台　1688淘工厂　1688采购批发

营销中心
生意参谋(原量子)　会员关系管理　联合营销　数据魔方
购物车营销　淘宝贷款　淘宝直通车　搜索成交排行

其他
支付宝　阿里学院

交易管理
钻石展位

图 6-8　网址界面

随着互联网的发展以及网络营销模式重要性的凸显，电子商务客户服务系统会成为网络营销的重要工具，也是提升企业网站形象、加强企业与访客互动的必备工具。优质的企业电子商务客户服务系统必须具有安全稳定、高速快捷、高效易用的特点。

1. 优质的电子商务客户系统必须具备哪些特点？
2. 企业使用电子商务客户服务系统有何意义？
3. 如何利用淘宝助理导出数据包？

淘宝客服沟通技巧

如今在整个淘宝消费理性日趋成熟以及竞争愈演愈烈的情况下，卖家靠什么去吸引客户？是客服沟通技巧。

一、淘宝客服沟通技巧——熟悉产品属性，帮客户做客观选择

客服人员一定要记住自己不是在卖产品，而是陪每位客户逛自己的店铺，从客户的角度进入，提高客户体验值。所以对待客户就需要像对待自己的朋友那样，客服人员在陪朋友逛街的时候经常会碰到他一下看中好几样商品，问自己哪件最适合。客服人员往往也会遇到类似的问题，这个时候客服人员就需要通过自己对这几件商品的认知结合客户的一些信息，客观地告诉客户最适合的商品。这时候客户肯定会对自己的专业服务、诚恳的态度产生敬佩，离下订单也就不远了。

二、淘宝客服沟通技巧——正品承诺

客服人员在销售的过程中经常会遇到客户询问：这款商品价格很低是正品吗？怎么辨别真伪？客服人员在遇到这类问题时，一定要语气足且强硬。解决的办法有：晒出一些证件证明自己的产品是合法的有正规渠道的货物，保证是正品。万一没有这些证件也可以举例告知客户怎么辨别产品的真伪，还可以请客户和市场同种产品做比较，评价详情有记录就更好了，可以让客户参考，最后给客户一个承诺：我们的产品保证是正品，如遇到质量问题包退换。

三、淘宝客服沟通技巧——效果"因人而异"

有时候客户在回答一些很为难的问题时不知道怎么办，如客户当时很高兴地买下商品，回家用了却没什么效果，买下漂亮衣服上身却没有那种感觉。这个时候客户会很懊恼。这时客服人员首先需要表示遗憾，然后要举例说明大多数客户使用反响都很好，但是自己也不敢保证每个人都适合，若遇到化妆品就需要说明是不是需要长期使用才会有效果，及在使用的时候需要注意的事项。遇到衣服问题就要说明可能是配搭得不好或者发型、肤色的原因。

四、淘宝客服沟通技巧——推荐销售赢客单价

客服人员往往只会将客户询问的商品做好回答，不会去挖掘客户还需要什么，也不会主动去推荐客户看看自己店内其他的东西，交流的过程中没有抓住客户的心理，往往只能成交咨询过的商品，但是有心的客服人员就会想到客户问了这个商品与之有关的或许也是需要的。那么就会推荐自己店铺内现在正在做特价销售的产品或者是包邮的产品。这样客户或许会欣然地去看看有没有自己需要的，无形中增加了销售客单价。

五、淘宝客服沟通技巧——晓之以理动之以情地对待讨价还价

客服人员在工作中遇到最多的问题有：这件商品能不能便宜点？那个促销活动没有了呀，可以给我特价吗？等一系列贪小便宜的要求。出现这个问题，分析其大多数原因：一是爱占小便宜，因为客户在淘宝买东西习惯性买比较便宜的产品，习惯性地讨价还价；二是因为他看到以前有特价销售，现在却没有，想找下心理安慰，不然觉得自己亏了。应对这一类问题时客服人员需要强调自己店内的宝贝都是正价销售，谢绝还价，说明给客户私下低价，就会对其他客户不公平，下次有活动将会第一时间通知他，请他予以理解；对于那些喜欢占小便宜的客户，客服人员可以商量送一些小礼物或者免邮，来获取客户的好感。

六、淘宝客服沟通技巧——关于发货

网购很受大家的欢迎，其中还有一个小小的魅力，就是每个人都对自己买下的商品有期待，都想看看买下的商品怎么样。所以当客户付款后，会经常询问发货没有，为什么还没发货？这个问题没有处理好，对于客服人员以前做的努力和好印象全都会变成浮云。那客服人员需要怎么处理这个问题呢？其实很简单，客户付款后客服人员可以告知自己是当天下午将订单打包发货的，快递第二天发出。一般情况下到达客户那里是2~3天，具体时间还是要根据客户所在地而定。要是发货后客户询问物流情况，客服人员就告知他怎么查询物流信息，要是客户没有收到货物，或者说过很多天物流信息都没有更新，这个时候客服人员需要耐心地帮客户打电话查询、催件并告知客户延迟的原因，请他耐心等待，要是发现掉件或者漏件需要马上告知客户，给他补件并告诉他快递单号。

七、淘宝客服沟通技巧——服务的主动延续（把握老客户的手段）

每个客户的心理还是和现实一样去店里逛好后选定商品买下走人。和店里的交流在交易结束后很少，这样就会造成情感的脆弱。客服人员需要做的就是，在交易结束的时候去巩固这段感情，使客户觉得自己的服务还在延续，客服人员不光要关注他们口袋里的钞票

更要注重他们的感受和使用情况。这样就会在无形中使客户增加对自己品牌的好感度以及认识到自己的人性化。例如,在客户确认收件后接到系统通知,这时客服人员需要找到这位客户询问收到货感觉怎么样,有品尝过吗,感觉包装行不行,最后就是感谢他们以及提醒他们持续关注和支持自己的店铺。

第七章 电子商务售后处理工作

【知识目标】
1. 了解售后商品的退换货流程。
2. 能正确处理售后商品退换货的价差问题。
3. 了解客户投诉的原因。
4. 熟悉处理客户投诉的技巧。

【技能目标】
1. 能够及时处理客户的退换货请求。
2. 能正确处理客户的中、差评。
3. 具有与客户沟通的能力。
4. 做好售后的维护工作,提高客户的忠诚度。

【知识导图】

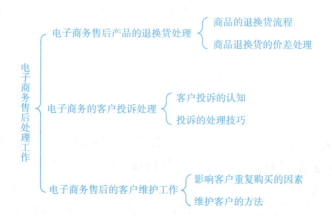

案例导入

恼人的"职业差评师"

济南一家饰品店的刘小姐在经营实体店的同时,还在淘宝上开了一家网店,因为所售饰品价格便宜且样式新颖,两年就成了双钻卖家。可两年都没有获得过差评的她,最近却连遭差评。2016年6月,一位买家趁她不在,买了四件饰品,加邮费还不到100元,结果对方收到货就给了她四个差评。刘小姐立即联系这位买家,但买家一直不上线,最后她只好根据发货地址上留下的手机号,找到了买家,商谈如何取消差评。对方说,如果刘小姐能打半价退回50元,就可以取消掉差评,最后在一番讲价之下,刘小姐给对方打了七折,退回了30元后,对方修改了差评。

一个星期前,也是一位买家在她不在的情况下拍了两件饰品,收货后立即给了差评。但这次,她不仅在淘宝旺旺上联系不到买家,连电话对方也不接听。她连续三天联系不上买家,没想到QQ上竟然有人主动和她联系,表示可以帮她删除差评,但需要一定的费用,每删除一个差评要付100元。

如此巧合的事,让刘小姐产生了怀疑,两次给差评的买家都是发货到广州,地址也同是天河区,这两个人的账号里都只有三四笔交易,而她搜索买家的购物记录,联系上其中的两位卖家,才发现他们的遭遇差不多。直到这时,她才明白过来——遇到了专骗卖家的职业骗子,也就是卖家避之不及的"职业差评师"。

记者咨询了一些济南的卖家,几乎每个卖家都遭遇过恶意差评。前几年,只要好好和买家交流或者退换货处理就可以消除差评。但最近一两年,说好话、赔笑脸根本解决不了问题,有些卖家直接提出打折或者额外付费,只有给一定的好处才能删除差评。在淘宝的论坛上,记者发现了不少关于"骗子买家""职业差评师"的帖子。

思考:你对"职业差评师"是怎么看的?你认为如何处理客户的投诉?

第一节　电子商务售后产品的退换货处理

2014年开始实施的新《中华人民共和国消费者权益保护法》(以下简称新消法)针对网购做了多方面规范,消费者拥有七天"反悔权"是其中一大亮点。根据新消法,消费者可以在七天内无理由退货。在这样的购物环境下,对于部分冲动型的客户,会有更多的退货,从而增加了售后客服的工作量。因此售后客服将面临更多的交流沟通,提高自身的沟通能力,能有效提升店铺形象,减少退货率,确保店铺健康良好发展。

课堂讨论

客户不同的退换货方式对售后客服来说,要关注哪些问题?它们之间的区别是什么?

一、商品的退换货流程

在店铺经营的过程中,客服工作创造价值,但真正的销售始于售后。所谓售后服务,就是在商品出售以后所提供的各种服务活动。从营销工作来看,售后服务本身也是一种促销手段。在追踪跟进阶段,营销人员要采取各种形式的配合步骤,通过售后服务来提高企业的信誉,扩大产品的市场占有率,提高营销工作的效率及效益。

(一)七天无理由退换货的含义

"七天无理由退换货"指用户(以下称卖家)使用淘宝提供的技术支持及服务向其买家提供的特别售后服务,允许买家按本规则及淘宝网其他公示规则的规定对其已购特定商品进行退换货。具体有:当淘宝网买家使用支付宝服务购买支持"七天无理由退换货"的商品,在签收货物(以物流签收单时间为准)后7天内(如有准确签收时间的,以该签收时间后的168小时为7天;如签收时间仅有日期的,以该日后的第二天零时起计算时间,满168小时为7天),若因买家主观原因不愿完成本次交易,卖家有义务向买家提供退换货服务;若卖家未履行其义务,则买家有权按照本规则向淘宝发起对该卖家的投诉,并申请"七天无理由退换货"赔付。

卖家在申请"七天无理由退换货"服务之前,应仔细阅读本规则。一旦卖家申请该服务并成功提交相关信息,则默认为确认并接受本规则所有内容,同时默认为确认并接受《消费者保障服务之"商品描述属实保障"服务规则》。

(二)七天无理由退换货责任范围

(1)买家在收到货品后因不满意货品希望退换货的。

(2)因质量问题产生的退换货,所有邮费必须由卖家承担,七天内无理由退换货质量问题的界定为货品破损或残缺。

(3)退换货要求具备商品收到时完整的外包装、配件、吊牌等;购买物品被洗过、穿过、人为破坏或标牌拆卸的不予退换;所有预订或订制特殊尺码的不予退换。

(4)非商品质量问题的退换货,应由买家承担往返运费。特别提醒:为避免由于商品滞留造成的经济损失,所有退换货商品,买家应在规定的时间内发回(以物流签收运单显示时间为准),超过规定时间仍不能将退换商品发出的,请买家与卖家自行协商处理办法。

(三)商品退换货流程

售后客服通过查证情况,区分三种不同的情况与客户达成退换货的程序,特别要注意因商品质量问题引发的退换货问题。退换货流程如图7-1所示。

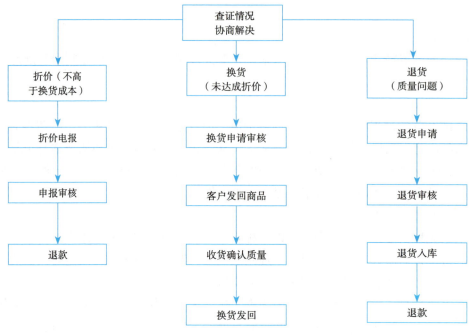

图 7-1 退换货流程

（四）商品退换货方式

（1）客户拒签流程，如图 7-2 所示。

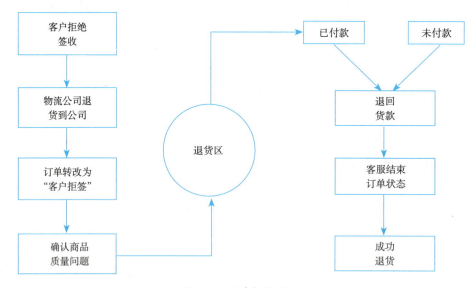

图 7-2 客户拒签流程

（2）主动退货流程，如图 7-3 所示。

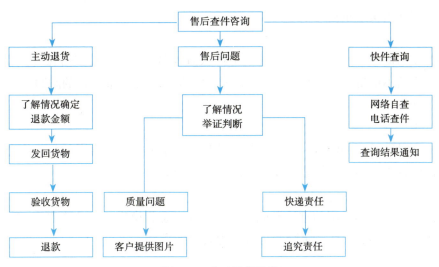

图 7-3 主动退货流程

案例 7-1

退货风波

一位买家在"聚划算"活动时在某商城购买了一件小孩子的衬衫,反映说衣领一大一小有质量问题,她拍照过来,我们从图片上看不出来。"聚划算"活动一过,售后的工作量是平时的几十倍,为了不耗费太多时间,售后客服就请客户将货先退回,若是质量问题,退货运费由卖家承担,若不是质量问题,出售时的包邮运费损失由卖家承担,退货时的运费由客户自己承担。卖家收到货后,发现货物并没有问题,还特意让其他同事和工厂的厂长都检查了,确定货物没有问题。于是卖家再次联系买家说明情况并拒绝其退款申请。买家却直接投诉了卖家。

二、商品退换货的价差处理

网购商品的退换货存在不同的原因,特别是新消法实施后,更是赋予消费者七天无理由退货的权利,在这样的背景下,售后客服如何通过自身的努力,降低退换货,提升店铺形象,就显得尤为重要。

商品退换货产生的原因有很多,有客服人员自身沟通交流、商品质量、客户本身等原因,更好地分析、了解客户退换货的原因,有助于售后客服的沟通更具针对性。

网购退换货率高的原因,从根本上说,是消费者的购物心理预期与实际货物相差过大导致的,恶意买货退货的人占少数,而且可以通过一定的技术手段防止其继续购买。

(一) 商品质量问题

当商品质量有问题,买家要求退换货时,买家与卖家协商退货事宜。根据淘宝的规定,

退货的运费应该由卖家承担。

2. 商品有质量问题，买家不退货

商品有质量问题，买家不退货这种情况特殊但也多见，很多买家怕麻烦，或者照常使用商品，那么就不退货了，当然这样就会不产生退货费用该由谁承担的问题。

（二）非商品质量问题

1. 店铺包装物选择不当造成商品受损

不同的商品和不同的区域对于包装物的选择有一定的要求，合适的包装物会更好地保护商品，包装物选择不当容易造成商品的破损、污染等。

2. 快递配送不当

快递公司由于快递员工的素质形成的野蛮装卸、恶意换货、自己签收等，配送延时、商品滞留造成生鲜物品损坏，都会使得买家想要退换货。

（三）买家"后悔"

买家在七天无理由退货的影响下，购物的谨慎性降低，可能由冲动型购买转变成不理性购买。

案例 7-2

可以拒绝吗？

"双十一"购物节时，王小姐在某大型购物网站上看到一双高跟鞋，款式新颖，价格也很便宜，王小姐毫不犹豫地购买了。收到货后，王小姐觉得这双高跟鞋虽然新颖，但颜色跟网页上的图片出入很大，便联系网店店主要求退货，并愿意承担来往的运费，但遭到店主的拒绝。

（四）"缺斤少两"

卖家在发货过程中因某种原因出现配件短缺、尺码错误等情况，造成客户退换货。

（五）发货错误

卖家在发货过程中因某种原因使得发货错误，客户接收的商品非购买品，造成客户退换货。

案例 7-3

错发货的困惑

我在网上买了双37号女鞋，回来后看见鞋底有纸标37号，我穿了大约2个小时感觉脚太挤，回来再检查鞋时发现纸标下面的鞋底上刻有36号，已向卖家告知此事，正提交照片，但不知，他应做出如何处理。在这件事中我应怎样维护自己的权益？

（六）价差处理

常见退换货产生的价差处理见表7-1。

表7-1　价差处理

退换原因	费用处理
商品质量	卖家承担退换货的邮费
包装不当	卖家承担
野蛮快递	卖家承担，但向快递公司索赔
买家"后悔"	买家承担
"缺斤少两"	卖家承担
发货错误	卖家承担

第二节　电子商务的客户投诉处理

一、客户投诉的认知

（一）客户投诉的概念

客户投诉是消费者对商家的产品质量、服务态度等不满意，从而向商家主管部门反映、检举，并要求得到相应补偿的一种手段。随着消费者维权意识的觉醒，客户投诉成为一种普遍的社会现象。这是一种社会进步的表现，也促使竞争更为激烈，产品质量更好，服务态度更好。

令人满意的客户投诉处理，既可以培养客户的忠诚度，又能赢得新的客户，是促进企业发展的重要助力。

案例 7-4

吵闹的客人

林兆轩刚刚上任担任一家五星级酒店的餐厅经理。一天晚餐时间，他接到一个客人的投诉——一桌客人在大厅吃饭，喝了酒，在大厅里高声歌唱起来，而且越唱越高兴，大有一发不可收拾之势。大厅里的其他客人纷纷侧目，但他们还是继续我行我素，有一桌客人忍无可忍愤而投诉，其他客人纷纷附和，要求餐厅经理出面解决，场面一时显得有些混乱。

（二）客户投诉的原因

当客户购买商品时，对商品本身和企业的服务都抱有良好的愿望和期盼，如果这些愿望和要求得不到满足，就会失去心理平衡，由此产生抱怨和"讨个说法"的行为，如图 7-4 所示。产生这种行为的原因有以下几点：

（1）产品出现质量问题。

（2）服务质量问题，如服务态度不好、服务程序不对、突发事故、结账差错或有疑问等。

（3）售后服务配套不完善。

（4）客户对于企业经营方式及策略不认同。

（5）客户对于企业的要求或许超出企业对自身的要求。

（6）客户由于自身原因，提出过高要求而无法得到满足。

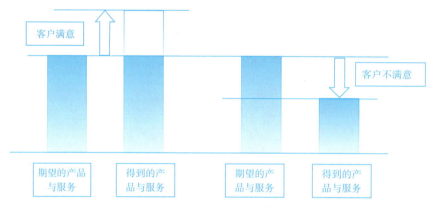

图 7-4　客户投诉原因

（三）投诉客户的类型

投诉客户的类型如图 7-5 所示。

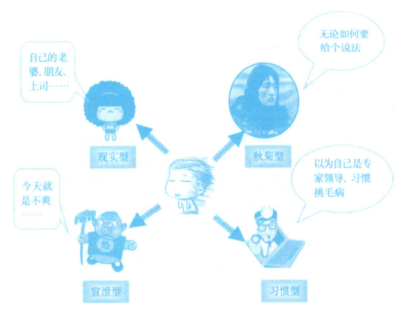

图 7-5　客户投诉类型

(四)处理客户投诉的步骤

有效处理投诉并进行总结与综合评价,吸取经验教训,提出改善对策,不断完善企业的经营管理和业务运作,从而提高客户服务质量和服务水平,降低投诉率,追求"零"投诉是客户服务的终极目标。

处理客户投诉的一般流程如图7-6所示。

图7-6 客户投诉处理流程

以某民营医药企业制定的《客户投诉处理程序》为例,可以看出对于客户投诉的一般处理步骤,如图7-7所示。

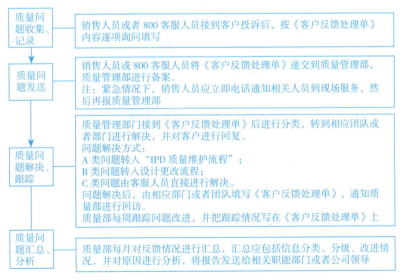

图7-7 客户投诉处理步骤

（五）处理客户投诉大忌

处理客户投诉应忌讳：

（1）刚接到投诉就给客户摆事实讲道理。
（2）基于客户言辞得出结论。
（3）一味地道歉。
（4）告诉客户：这是常有的事。
（5）言行不一，缺乏诚意。
（6）吹毛求疵，责难客户。

二、投诉的处理技巧

无论多么优秀、规范的企业，都不能百分之百地保证自己的商品或服务没有任何问题；无论多么优秀、幸运的员工，都不能百分之百地保证不会遭遇投诉。只要本着"严格、认真、主动、高效"的工作作风去处理投诉问题，并从中查找原因，扎扎实实地提高工作质量，就能变坏事为好事，从根本上减少投诉。

（一）处理投诉的价值

及时处理投诉的价值如图7-8所示。

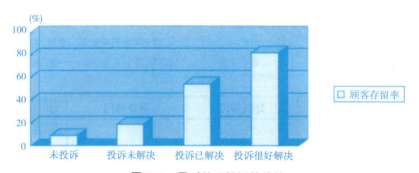

图7-8　及时处理投诉的价值

据美国白宫全国消费者协会调查统计：

（1）客户不满意，也不投诉，但还会继续购买你商品的仅有9%，而91%的客户不会再回来。

（2）投诉过但没有得到解决，还继续购买你商品的客户有19%，而81%的客户不会再回来。

（3）投诉过但得到解决，会有54%的客户继续购买你的商品，而有46%的客户不会回来。

（4）投诉被迅速解决，会有 82% 的客户继续购买你的商品，只有 18% 的客户不会回来。

无论公司或个人，都有可能遭遇投诉，美国商人马歇尔·费尔德说过一段非常有名的话：那些购买我产品的人是我的支持者；那些夸奖我的人使我高兴；那些向我埋怨的人是我的老师，他们纠正我的错误，让我天天进步；只有那些一走了之的人是伤我最深的人，他们不愿给我一丝机会。处理好投诉，对企业和个人发展有着不可估量的重要意义。

（二）投诉的处理技巧

1. 安抚和道歉

不管客户的心情如何不好，不管客户在投诉时的态度如何，也不管是谁的过错，客服人员的首要任务就是平息客户的情绪，缓解他们的不快，并向客户表示歉意，向他们传达公司将完全负责处理客户的投诉意见，并做好登记。表 7-2 为客户投诉登记表，在收到客户的投诉之后，应当将客户的投诉内容填写到下表中。

表 7-2 客户投诉登记表

编号：	日期：　年　月　日			受理人：
投诉类型				
投诉客户姓名		投诉客户电话		
客户详细地址				
客户诉求：				
	接待部门	处理部门	营业部门	其他
受理部门意见				
制表：		主管：		经理：

2. 快速反应

用自己的话把客户的抱怨复述一遍，向客户确认自己已经理解或与客户达成一致，并向客户传达自己愿想尽一切办法来解决他们提出的问题。

3. 移情

对客户的有效投诉表示感激和赞赏，强调他们的问题引起了自己的注意，并给了自己改正这一问题的机会，对此自己感到很高兴。

4. 补偿

对投诉客户进行必要的且合适的补偿，包括心理补偿和物质补偿。心理补偿是指客服人员承认确实存在的问题给客户造成了伤害，并道歉。物质补偿包含经济赔偿、调换产品或对产品进行修理等。

在解决了客户的投诉后，还可以在自己的职权范围内送给客户一些优惠券、免费礼物或同意客户廉价购买其他物品等。

5. 后续追踪

客户离开前，了解客户的需求是否已经满足；然后，在解决了投诉一周内，进行电话回访；还可以向客户投寄优惠信息或优惠券。保持与客户的联系，是培养忠诚客户，转投诉为销售业绩的重要举措。客户投诉得到了满意的解决，销售的最佳时机就到了。

知识链接 7-1

处理中、差评的操作技巧及问题应对

一、刚刚收到了中、差评，怎么处理？

在新评价中，如果问题描述得比较简单，在第一时间联系买家的效果最好。此时联系买家也是最佳时机，如果拖得时间比较长，很容易出现联系不上的情况。

在新评价中，如果问题描述比较严重、误会也比较深，间隔 24 小时后再联系买家沟通比较好。

二、历史评价的处理方式

（1）历史评价超过 6 个月的怎么处理？

可以在新品上架、活动及促销、店庆等机会邀请买家再来店铺看看，最好能附带小礼物，这样可以通过发给买家旺旺活动链接、礼物链接的方式，来确定买家旺旺具体上线时间。

（2）历史评价超过 1 个月的怎么处理？

处于这个阶段的买家大部分情绪已经很稳定。通过电话说明因多次联系对方都没有联系上而表示歉意，希望通过下次包邮、赠送小礼物的方式来尽量补偿买家，让对方感到被重视和满意。

注意：超过 1 个月的评价，沟通时可以直奔主题地表达出自己的意思。

切忌：超过 6 个月的评价，只谈以后的合作，不要帮助买家回忆以前不愉快的经历。

三、买家同意更改评价，一直没有改怎么办？

有经验的售后服务都会有这样的经历：很多买家在电话中同意帮助更改评价，但不知什么原因一直没有更改。实际上，95% 的买家都会在电话中同意更改评价，但真正能更改评价的可能只有一半左右，剩下的一半就是客服人员需要解决的难题。让买家更改评价的关键在于"旺旺在线",如果对方旺旺不在线,就算客服人员再多打几个电话,多发几个消息,也没有用。因此,更改评价的关键点在于旺旺上线。只要旺旺上线,接下来的事情就好办多了。

(1)将所有中、差评的买家都加为好友,并进行分类整理:中评买家、差评买家、已撤销买家、同意撤销评价买家等。只要买家一上线,就可以看到他的状态。处理结束后,再转到别的子组即可,分类清晰,一目了然。

(2)强化买家的时间观念。与买家的沟通中尽量不使用"明天""后天""下午""早晨"等时间不明确的词汇。一定要确定时间,多使用"明天上午11:30""今天晚上8:25"这样具有时间确定性的词汇。

(3)买家同意修改评价后,立即发送一条旺旺信息,将更改评价的详细方式给买家发送过去,方便买家操作。介于很多新手买家对淘宝不熟悉,最好附带一个更改评价的图文链接。

(4)如果买家旺旺一直没有上线,或者上线后并没有更改评价,建议不要直接打电话催促买家。换一种方式,如发短消息给买家:"××先生,您好,我是上次电话联系过您的××店,您上次承诺帮助我们修改评价还没更改呢,我把更改评价的方法通过旺旺发送给您,更改方法很简单,谢谢。祝您今天好心情。"也可以使用淘宝站内信等其他方式。

(5)以发送礼品链接、促销链接或者推荐产品的方式,吸引买家上淘宝旺旺。

手机短消息是一种非常实用的工具,相比旺旺或者其他网络工具更具亲和力,推荐使用。

四、如果中、差评最终不能撤销,怎么办?

以平常心和乐观的心态去看待中、差评是淘宝优秀卖家应该具备的基本素质之一。

试想:如果得到了一个中、差评,卖家无法联系到买家或者对方不同意更改,卖家解释:"亲爱的买家××,您好。这次购物让您感到不满意,我们感到非常抱歉。我们分别在10日上午11:15、晚上8:25,11日的10:30给您打了电话,并多次给您旺旺留言。很遗憾,最终我们还是没能联系到您,也没有听取您对我们产品和服务的建议。我们查阅了和您的聊天记录及听取了客服人员的反馈,也没有发现问题所在。如果您看到了我们这段话,请您上线后联系×××账号,我们的主管将亲自接待您,我们愿意虚心听取您对我们的建议。中、差评对买卖双方的信用都有影响和伤害,您一定也不愿意这样,我们真诚地期望和您化解误会。近期我们会有新品发布,真诚地期待您再次光临,并热烈地欢迎您。"

如果卖家的解释非常强硬,会降低后来买家的购物安全感,买家会对卖家失去信任。

善于使用解释,以乐观的心态对待中、差评,不仅不会丢掉生意,也许还会因此赢得客户。

五、如何减少和控制中、差评出现的概率？

提高产品质量和服务能力远远要比解决中、差评重要得多。同时，卖家自己也需要正确看待中、差评问题。每一个中、差评都最为客观、最为直接地反映了所在店铺的问题，卖家应该认真总结其产生的原因，虚心接受客户最直接的意见，不断改善工作环节、服务的质量，把它当作催促自己前进的"催化剂"。

第三节　电子商务售后的客户维护工作

开发一个新客户的成本等于留住八个老客户的成本。对于卖家而言，老客户不仅重复购买的开发成本低，而且对企业的品牌与产品认同感强，订单价高；因为对企业认同，沟通更加顺畅，即使有服务不到位的地方，客户也能够理解；还有很多客户带来很好的口碑传播效果。所以，维护好客户的关系可以达到事半功倍的效果。

一、影响客户重复购买的因素

经过总结，客户回头率与以下八大因素有关，如图7-9所示。

图7-9　影响客户重复购买的八大因素

品牌：店铺品牌、商品品牌在客户心中的地位很大程度上影响着客户的回头率。
产品：产品的品质和性价比是客户回头的重要因素。
创新：不断推出的新品、新款和创新服务也会吸引客户回头。
VIP：给客户VIP身份并给予特殊的优惠政策是客户回头的保障体系。
促销：不断变化的促销方案及对老客户的回馈会刺激客户回头。
内容：提供丰富有效的产品资讯、专业知识等内容能提升客户持续关注。

服务：每一个环节的服务品质及给客户的购物体验都会让客户流连忘返。

回访：不定期的电话、短信、邮件回访会让客户加深印象，多次回头。

其中，品牌、产品与创新是企业的硬实力范畴，而 VIP、促销、内容、服务、回访属于企业的软实力范畴，也是客户关系管理范畴。

二、维系客户的方法

对于客户，除了要做好第一次交易外，更要做好后续维护，让他们成为忠实的顾客。具体来说，维系客户的方法见表 7-3。

表 7-3　维系客户的方法

序号	方法	内容
1	建立客户数据库	收集老客户的信息，包括客户的所有联系人，客户的性格、脾气、爱好，主要对哪些产品感兴趣等，为客户提供个性化的服务
2	与客户经常保持联系	成交后致谢（"谢谢你"三个字虽然简单，但可以表示出对客户的重视和朋友一般的温暖）、节日祝福（在客户生日或者节日的时候，可以寄卡片、发邮件、打电话问候一声，不会花很多钱，又能迅速建立关系，维系与客户之间的亲切感）、赠送礼品（客户来访或拜访客户时赠送一些小礼品，但礼品不能重复）
3	及时回复	客户的邮件必须当天回复。如果问题比较复杂，需要多方配合而无法当天回复的，一定要回复客户"邮件收到，正在处理中"。即使如此，客户的回复也绝对不可以超过 3 天
4	严格质量检验	产品或商品一定要有质检，保证品质
5	创新	随时了解客户的意见，根据客户要求进行改进，研发出更好的产品或服务。同时，发展新的业务模式，随时发现商机，寻找新的合作点
6	改进技术手段和管理方式	把两次以上购买的客户设定为 VIP 买家，并建立 VIP 群，制定相应的优惠政策，如让他们享受新品优惠等。同时，让客户感觉到网店提供的信息全面、完整，沟通和操作简单，使客户不会轻易购买竞争者的产品
7	保持持续的热情	不要让客户感觉对老客户的服务随着订单的稳定而趋于松懈。看似简单的工作，如果持续为客户提供，会让客户的信任感在潜移默化中增强

知识链接 7-2

电话回访话术

一、客户收到货后的回访话术

客服：您好，我是淘宝网××店的客服，请问是××先生（女士）吗？

客户：是的。

客服：请问能耽误您一点时间做一个简单的售后回访吗？

客户：可以（如不可以则直接转结束语）。

客服：您于×月×日在我商城拍下的××产品，现在使用情况怎么样？

客户：还好。

客服：（简单讲解客户所购买产品的使用方法及需注意的地方）要帮我们多多宣传哦。

客户：没什么效果／不好。

客服：了解客户的使用方法及作息时间、饮食等，做好解答与指导说明。

结束语：打扰您了，有需要可随时与我们联系，我们的服务电话是××××××××，感谢您的配合与支持。再见！（遇节假日可使用祝福语，如祝您周末愉快，祝您××节快乐。）

二、客户未收到货的回访话术

客服：您好，我是淘宝网××的客服，请问是××先生（女士）吗？

客户：是的。

客服：请问能耽误您一点儿时间做一个简单的售后回访吗？

客户：可以（不可以直接转结束语）。

客服：您于×月×日在我商城拍下的××产品，现在使用情况怎么样？

客户：还未收到货。

客服：抱歉，给您添麻烦了。您的件我先帮您查询一下到哪儿了，您稍等……

客服：××先生（女士），您的件已经到达××，×天应该可以送到的，您再耐心等等，我们会帮您跟踪件的。

客户：好的。

客服：跟您简单地讲解一下您拍下的××产品的使用方法及需要注意的几点，您收到货后要注意使用方法。

客户：好的，谢谢指导。

结束语：不客气，您有需要可随时与我们联系，我们的服务电话是××××××××××,感谢您的配合与支持。再见！（遇节假日可使用祝福语，如祝您周末愉快，祝您××节快乐。）

三、缺货电话通知话术

客服：您好，我是××店的客服，请问是××先生（女士）吗？

客户：是的。

客服：您于×月×日在我商城拍下的××产品，因这款是我们的热销产品，卖得太火爆，现在仓库暂时没有货，我们已与厂家确认，会于×月×日左右到货，您看我们到货给您安排一起发出，可以吗？抱歉，给您添麻烦了。

客户：可以（不可以或客户不太情愿）。

客服：非常感谢您的支持，我们会于×月×日货到后尽快安排发出。（您放心，货到后我们会安排最先给您发出，另外为表示歉意，我们会额外给您配送一个热销产品的中样给您试用，随包裹一起发出。）

客户：好的。

客服：谢谢您的谅解与支持，有需要可以随时联系我们，旺旺或服务电话都可以，我们的服务电话是××××××××，再见。

思考：

（1）我们知道老客户需要什么吗？他们需要公司的产品以外还需要什么服务呢？

（2）我们如何让客户接受我们的服务，以免我们剃头挑子一头热？我们如何让客户接受我们，如何向客户的客户宣传，最终让他们最好能够忠诚地接受我们的服务？

知识回顾

通过本章的学习，我们认识到电子商务售后服务技巧的形成有助于店铺形象的提升。能更好地促进销售。但真正的销售始于售后。所谓售后服务，就是在商品出售以后所提供的各种服务活动。从营销工作来看，售后服务本身也是一种促销手段。在追踪跟进阶段，营销人员要采取各种形式的配合步骤，通过售后服务来提高企业的信誉，扩大产品的市场占有率，提高营销工作的效率及效益。

电子商务售后客服所提供的服务一般包括退换货处理、价差处理、解决客户投诉、打造优质售后等几个大的方面，即要做好以下事情：满足客户退换货的需求、做好价差处理、有效处理投诉、做好VIP客户关怀、提升店铺形象。优秀的售后客服要与售前、售中客服做好对接，与客户做好互动，同时更要熟悉平台处罚的规则，对于客户给予的中、差评和投诉,要有良好的沟通解决方法,好的售后客服是企业成功的关键。

1. 客户对产品质量提出质疑时,应如何正确应对?
2. 面对客户的不良情绪,客服人员应如何正确处理?
3. 你认为售后服务工作都包括哪些内容?你今后准备如何改进?
4. 假设你是淘宝某服装网店客服,一天一年轻的女买家通过旺旺反映其购买的一件裙子存在少许的色差。请合理做出解释,让客户满意。要求:小组讨论,完成旺旺对白文字。

江苏省工商局发布网络购物十大典型案例及消费提示

为维护消费者合法权益,在2015年"3·15"到来之际,江苏省工商局发布《关于江苏网络购物10大典型案例及消费提示》,提醒消费者网购需谨慎,进一步增强消费者安全消费、理性消费的意识。

案例一:南京市工商局调解"红米"手机抢购活动群体纠纷

【投诉情况】

南京市工商局同一天内收到十余起投诉在某网上商城购买小米品牌的"红米"手机,遭遇不发货、取消订单等相关情况。该局高度重视,立即约谈该网上商城,要求其查明情况并妥善解决投诉。经核查,该网上商城开展的"红米"手机抢购活动,引发网站流量爆发性增长,导致商城服务器数据库连接异常,进而造成同一用户超额购买、订单支付状态未及时更新、总体订单超出预期等问题。在约谈指导的过程中,南京市工商局要求该网上商城采取有效措施,做好消费者反映问题的处理。由于发现问题及时,采取措施迅速,35条消费投诉中除4条因消费者所留号码有误无法联系以外,其余31条投诉均得到了妥善解决。

【消费提示】

近年来,随着网络购物的兴起,网络交易平台纷纷用"抢购""秒杀"等促销手段吸引消费者的眼球,但因后台促销准备不足、促销政策设置等原因,经常因各种促销产生群

第七章 电子商务售后处理工作

体性投诉。工商部门提醒消费者，一旦产生纠纷，在与卖家、交易平台协商不成的情况下，可以直接拨打经营者所在地的 12315 投诉电话或者通过江苏省工商行政管理局网站（www.jsgsj.gov.en）、江苏工商网络商品交易监管服务网（www.jsgswljg.gov.cn）以及各地工商部门的网站进行投诉举报。

案例二：无锡工商局新区分局调解商家因赠品拆封而拒绝"七天无理由退货"纠纷

【投诉情况】

消费者伍女士在无锡某网站订购了 1 台 TCL 手机，在收到手机的同时，商家还赠送了 1 个塑料运动手环。收到货后第二天，因为手机无法开机，伍女士将其寄回。商家在收到手机并检查之后，称手机无法开机是因为软件问题而不是质量问题，拒绝换货。伍女士于是要求"七天无理由退货"，商家却称赠品已被拆封，不能退货。经无锡工商局新区分局调解，该网站给伍女士做退货处理。

【消费提示】

"七天无理由退货"是新《中华人民共和国消费者权益保护法》的亮点之一。但现实中，部分电商却以各种理由拒绝无理由退货。2015 年 3 月 15 日，由国家工商总局公布的《侵犯消费者权益行为处罚办法》（简称《办法》）开始施行。该《办法》列举了经营者不履行"七天无理由退货"的具体情形，规定了经营者故意拖延和无理拒绝的四种情形及处罚依据。若消费者在网购时发生退货纠纷，可运用该《办法》维护自身合法权益。

案例三：常州工商局调解团购电影票退款纠纷

【投诉情况】

消费者杨先生通过 12315 热线，投诉自己在某团购网站团购了 3 张某国际影城常州店的"5 元抵 55 元"的电影票，当天去选择观看 60 元/张票价的电影，商家要求杨先生另外每张票补 10 元，杨先生认为不合理，应该只要补 5 元/张。工商部门介入后，该影城负责人解释说，影城内部有多个放映厅，价格不同。他们没有在团购网站进行详细说明，但也当即承认工作存在失误。经过调解，该影城同意给予杨先生 15 元退款。

【消费提示】

根据相关法律法规，消费者团购了影城提供的电影票，就与影城建立了消费合同，影城需要按照合同的约定履行所承诺的义务。影城未经与消费者协商一致，单方面限制、排除了消费者的合法权益，应属无效。

案例四：昆山工商局千灯分局调解网购"假珍珠"退货纠纷

【投诉情况】

南京的郑先生致电反映，自己在某购物平台购买了一条珍珠手链，网站上页面宣传是天然珍珠，售价580元，但当货物寄到家折开检查时，发现是假珍珠。他要求进行退货，并给予一定补偿。该平台表示网站没有虚假宣传，网页上所述的确为仿制珍珠，且以"包装已打开""已经使用了""影响第二次销售"等理由，不同意退货要求。郑先生于是投诉到工商部门。工作人员查看宣传网页，发现的确写有"仿制"字样。但郑先生表示，他有之前的网页截图，能够证明商家是在投诉之后修改了网页内容，而且商家修改之后数据库中肯定也会留痕。在工商部门的协助下，郑先生最终将手链退掉，并得到了商家的购物券进行补偿。

【消费提示】

广大消费者应提高网购安全防范意识，不仅购物时要擦亮双眼，还要注意保留相关交易记录和证据，包括交易商品编号、商品图片、交易时间、网页截图，以及与卖家的聊天记录、有关票据等，一旦有需要可依法进行维权。

案例五：苏州市吴江区消保委调解网购山寨"苹果"纠纷

【投诉情况】

苏州吴江的蒋先生在某网络交易平台上拍下一款价值1998元的iPhone 5S手机，拿到手后发现这款手机做工粗糙，摄像头的外形与正品手机相差甚远，且整台手机的重量明显轻于正品手机。种种迹象表明，这是一台"山寨5S"。蒋先生要求退机退款。卖家声称同意退机，但称收货时已将钱款交给邮政EMS工作人员，卖家目前暂未收到该笔款项，无法为其退款。蒋先生于是求助吴江区消保委。最后在消保委的见证下，邮政工作人员当场将1998元购机款退还蒋先生，蒋先生也将手机交给邮政，由EMS发还网店卖家。

【消费提示】

虽然网购具备较大的优势，但其中也隐藏着一定的风险。消费者对于价格明显低于正品的商品要高度警惕，不要轻信网站的"低价""折扣"等宣传。以苹果5S手机为例，目前正品手机售价在人民币5000元左右，如果商家报价一两千元，那么很有可能是翻新机或者冒牌货，这类手机的质量和售后服务将很难得到保证。

案例六：相城工商局元和分局调解网购"贴皮"冒充"实木"家具纠纷

【投诉情况】

新房装修完后，消费者秦先生在某网络交易平台一网店买了一张榆木大床。商家信誓旦旦保证这张床除了辅料床板、横挡为松木，其他"绝对是榆木实木，保证没有贴皮"。因床板尺寸与房间的空间不一致，秦先生便找来锯子，将床边锯下一截。正是他这一锯，发现床板露出了里面的松木和贴在表面的榆木皮。秦先生当即与卖家联系，但卖家不认账。于是秦先生重新在网上申请了一个账号，通过新账号与该卖家联系，询问这款床的具体材质，这次卖家承认是松木贴了榆木皮。带着搜集来的证据，秦先生用原来的账号联系卖家，结果卖家又改口了。无奈之下，他带着掌握的证据向苏州市相城工商局元和分局投诉。接到投诉后，元和分局先与出售贴皮榆木床的网店取得联系。最终这位负责人承诺将秦先生不满意的床做更换，妥善处理了此事。

【消费提示】

网购家具固然省钱省力，但消费者在购买前应该谨慎选择，尽量到正规的家具公司网站购买。在选购过程中，关于产品的质量、送货、安装、售后服务、退换货方式、保修期限、产品的损坏责任认定等细节，一定要与店家提前约定好并通过书面或电子单据加以确认，并保留好QQ聊天记录等凭据，一旦出现纠纷可当作维权佐证。

案例七：建湖工商局九龙分局调解网购电视质量纠纷

【投诉情况】

家住建湖的朱先生在某网络交易平台一网店购买了价值3699元的某品牌42英寸液晶电视机一台，刚使用3天，发现液晶电视机的屏幕右侧中间处出现了一块黑斑，甚至出现了屏幕弯曲变形的情况。朱先生向网店售后服务人员进行了投诉，但售后服务人员称黑斑系消费者人为造成，不予退货。朱先生于是向工商部门进行投诉。为进一步弄清情况，工商人员请专业技术人员对液晶电视机进行鉴定。经鉴定，认为这是由于外力原因造成的黑斑，但是否是消费者所为却不好认定。在工商人员多番努力下，双方最终达成协议，由朱先生负担450元，网店负责更换新的液晶电视机给朱先生。

【消费提示】

新《中华人民共和国消费者权益保护法》第二十三条规定，经营者提供的机动车、计算机、电视机、电冰箱、空调器、洗衣机等耐用商品或者装饰装修等服务，消费者自接受商品或者服务之日起六个月内发现瑕疵、发生争议的，由经营者承担有关瑕疵的举证责任。因此，对耐用商品的维权，消费者可以要求经营者"自证清白"。

案例八：盐城工商局调解抢购款退款纠纷

【投诉情况】

消费者朱女士欲在某网站抢购一款商品，抢购开始之前，通过该网站合作支付结算工具支付宝预付抢购款35元。由于抢购者众多，朱女士未能如愿抢到该商品。朱女士浏览

该网站其余商品后,无购买其他商品的意愿,遂想将支付宝内抢购款 35 元转回到银行卡,但操作却无法成功。原来该网站不同意退款。朱女士遂向 12315 投诉。经调解,该网站同意退还朱女士 35 元。

【消费提示】

依据《中华人民共和国消费者权益保护法》和《网络交易管理办法》的相关规定,网络经营者应当明确告知消费者"商品或者服务的数量和质量、价款或者费用、履行期限和方式、支付形式、退换货方式、安全注意事项和风险警示、售后服务、民事责任等信息",消费者享有知情权。该网站对抢购款不能退回未尽告知义务,侵害了消费者的公平交易权与自主选择权,同时扣留消费者的款项,一定程度上属于强制交易。消费者如遇到类似情况,要及时向工商部门进行投诉,以保护自己的合法权益不受侵害。

案例九:兴化市城南消协分会调解网购仿冒调味品纠纷

【投诉情况】

湖北武汉张先生花 4200 元在某网络交易平台上购买兴化市某味业贸易公司销售的麦芽酚调味品,经厂家鉴定为仿冒产品,遂向兴化市工商部门投诉。经调解,该公司负责人承诺满足张先生的诉求,并于第二天将 4200 元退款全部处理到位。

【消费提示】

消费者在网上购物平台上购买商品,尤其是涉及金额较大时,一是要弄清销售者的身份(单位);二是要核准产品的生产许可证、合格证书、生产资质,确保产品的质量与真假,这样才能保证发生纠纷时可以追根溯源。

案例十:苏州工业园区工商局调解境外旅游纠纷

【投诉情况】

吴女士在某旅游网站办理了俄罗斯签证,去往目的地莫斯科和奔萨。但从莫斯科到奔萨的时候,被奔萨当地警察以非法滞留名义罚款 12000 元。后吴女士投诉至工商部门要求该旅游网站承担相应损失。经调查,该旅游网站为吴女士办理的签证本身没有问题,在办理完个人俄罗斯签证后,就可以去往俄罗斯当地任意城市,但需要 72 小时之内在当地城市办理签注手续。该旅游网站未在办理签证过程中就此问题对消费者进行解释说明,从而导致了消费者对于办理签注的概念一无所知。经过多次调解,最终消费者与该旅游网站达成调解协议,为消费者挽回损失 4500 元。

【消费提示】

随着出境旅游在国内的不断升温,消费者去往境外各地也越来越频繁。不同国家的入境手续各有不同,特别涉及一些不为常人所知的概念,旅游服务公司在为消费者提供服务时，应更多地站在消费者的立场考虑问题，将可能导致旅行过程中遇到问题的相关细节考虑到位，全力提醒告知。在此，工商部门也提醒消费者，对于自己要去往旅游目的地的有关情况需要事前多做功课，特别是对于重点事项要多加了解，以免在旅途中产生不必要的麻烦和损失。

参考文献

[1] 孟彧. 电子商务客户服务 [M]. 上海：华东师范大学出版社，2018.

[2] 方荣华. 电子商务客户服务 [M]. 北京：电子工业出版社，2016.

[3] 张元生. 电子商务客户服务 [M]. 北京：外语教学与研究出版社，2015.

[4] 马蔚. 电子商务客户服务 [M]. 南京：东南大学出版社，2017.

[5] 徐奕胜，刘雨花，杨慧桢. 电子商务客户关系管理 [M]. 北京：人民邮电出版社，2018.

[6] 冯英健. 网络营销基础与实践 [M]. 北京：清华大学出版社，2004.

[7] 淘宝大学. 网店客服 [M]. 北京：电子工业出版社，2011.

[8] 罗岚. 网店运营专才 [M]. 南京：南京大学出版社，2010.

[9] 张光忠，万安培，郑介甫. 市场营销辞典 [M]. 北京：人民出版社，2008.

[10] 卢向南，李小东，汤兵勇. 网络企业管理 [M]. 北京：高等教育出版社，2001.

[11] 余明阳，姜炜. 品牌管理学 [M]. 上海：复旦大学出版社，2006.

[12] 司林胜. 电子商务案例分析 [M]. 重庆：重庆大学出版社，2007.

[13] 魏炳麟. 网络营销与客户服务 [M]. 北京：中国劳动社会保障出版社，2004.

[14] 汪永华. 网络客户服务实务 [M]. 北京：机械工业出版社，2013.

[15] 汪永华. 网络产品与客户服务实务 [M]. 北京：机械工业出版社，2008.

[16] 淘宝大学. 网店推广·店铺内功 [M]. 北京：电子工业出版社，2011.

[17] 彭波. 电子商务安全技术与实训 [M]. 北京：科技出版社，2013.

[18] 孙红. 职业倦怠 [M]. 北京：人民卫生出版社，2009.

[19] 李永鑫. 工作倦怠的心理学研究 [M]. 北京：中国社会科学出版社，2008.

[20] 孙立莉. 竞争时代的工作倦怠问题研究 [M]. 北京：中国经济出版社，2009.

[21] 刘玉新. 工作压力与生活：个体应对与组织管理 [M]. 北京：中国社会科学出版社，2011.

[22] 王一敏. 职业倦怠综合征 [M]. 上海：华东师范大学出版社，2006.

[23] 池瑜莉. 基于网上商店的客户服务工作分析 [J]. 电子商务，2013（4）：45.

[24] 彭晓哲. 如何应对职业倦怠 [J]. 中国职工教育，2013（10）：54.

[25] 杨旭. 特别的爱给特别的你——客服人员的压力管理 [J]. 企业文明，2014（4）：

58–59.

[26] 李煜，张国平.员工职业倦怠的归因分析及对策[J].企业改革与管理，2007（10）：48–49.

[27] 冯华，吴瑕.网络客服沟通与销售技巧分析[J].法制与经济，2012（1）：115-116+118.

[28] 陆昌勤，赵晓琳.影响工作倦怠感的社会与心理因素[J].中国行为医学科学，2004，13（3）：345–246.

[29] 崔梦.客服人员心理健康情况调查及管理建议[J].东方企业文化，2012（21）：113–114.

[30] 王晓春，甘怡群.国外关于工作倦怠研究的现状述评[J].心理科学进展，2003，11（5）：567–572.

[31] 张永忠.企业文化建设与员工，心理压力调适路径探讨[J].人民论坛，2012（10）：70–71.

[32] 宋璐芳，高金金，陈毅文.压力对工作倦怠的影响[J].人类工效学，2012，18（3）：7–11.

[33] 贾丹.一线服务员工工作倦怠的前因与结果[J].河南工业大学学报（社会科学版），2013（1）：59–63.

[34] 史振磊.员工压力及其调适[J].兰州大学学报（社会科学版），1997（4）：80–84.

[35] 黄娟，刘策.基于互联网的网络顾客服务策略[J].电子商务，2009（1）46–49.

[36] 闫芳.网店客服管理经验谈[J].中小企业管理与科技（下旬刊），2012（15）：28.

[37] 杨芳.浅谈网上店铺顾客沟通技巧[J].硅谷，2009（5）：127.

[38] 王凡华.绿色媒体与网络品牌的建构[J].管理观察，2009（11）：161–162.

[39] 刘胜.品牌知名度不等于美誉度[N].中国企业报，2004-06-24.